社史の図書館と司書の物語

神奈川県立川崎図書館社史室の5年史

高田高史 著

柏書房

渋谷の街に立って

2016年7月8日。

ここは、東京、渋谷駅の最寄りの改札口から徒歩5分くらいにあるビルの4階です。曲線美を活かした机の上には、いろいろな会社の「五十年史」や「百年史」など、社史という本が展示され、天井からのライトに照らされています。室内には落ち着いたジャズ風のBGMが流れています。

社史も、とうとうクール・ジャパンの仲間入りか、という気分です。


大きな窓から、数分間隔で山手線が通りすぎていくのが見えます。

窓の下の通りを、多くの若者が歩いています。

「なぜ、川崎から社史を運んできて、渋谷でイベントをすることになったのだろう」

と考えると、我ながら感慨深いものがあります。

ここに至るまでの道のりを整理して語れるのは、この5年間、神奈川県立川崎図書館で社史を担当してきた私だけです。

図書館の司書として、自分でも「何をやっているのかな……」と感じるような、例のない試みもたくさんしてきました。

その5年間の実践を、この本で紹介します。

図書館に関心のある方だけでなく、これまであまり図書館に馴染みがなかった方に、読んでもらいたいと思っています。

昨今、各地の公共図書館の運営について、話題になる機会が増えています。

ごく普通の公共図書館をイメージして読み始めた方、とくに図書館の司書は本を貸し出したり、調べたりする仕事だと思っている方は、「司書って、こんなこともしているの」と、意外に感じることばかりだと思います。

この本では、多くの方にとって、それほど身近ではない「社史」を題材にしています。企業の歴史の本です。あまり面白そうに感じないかもしれませんね。いえいえ、この本を通して日本の文化ともいうべき、社史の魅力に気付いていただけるはずです。

この本は、図書館や社史という直接的な事柄だけではなく、あまり光があたらなかった資源の活用法という読み方もできるでしょう。多額の費用が必要なプロジェクトではありません。工夫とアイデアと、多くの協力を得て進めてきた等身大の実践例です。

それでは、さっそく私とともに、神奈川県立川崎図書館の社史室で実際に行われた5年間の追体験をしてみましょう。

本書について

本書は、神奈川県立川崎図書館がコレクションする社史を用いた活動などを紹介しつつ、社史の魅力を伝えるものです。
２０１１年の夏に開催した展示「社史にみる企業キャラクター」の準備から、２０１６年7月に開催した「社史フェア in SHIBUYA」の数日後までの約5年間を対象としています。それ以降のことは本書での対象としていません（原稿提出日：２０１６年8月22日）。

本書は、著者の所属の許可を得て、個人として執筆したものです。神奈川県立川崎図書館の公式な出版物ではありません。
掲載している社史室や催事等の写真は、神奈川県立川崎図書館に提供していただきました。

私と面識のない方も含む神奈川県立川崎図書館のすべての先輩、そして、一緒に働いた同僚の皆さんに、とくに深く感謝いたします。

目次

8章 社史室の今 233

1章 展示「社史にみる企業キャラクター」

(1) 社史室が誕生するまで

この本の舞台は、神奈川県立川崎図書館です。

書き手の私は、神奈川県立川崎図書館の司書です。

司書とは、図書館で働くための専門的な資格をもった職員(職業)です。

社史という本をご存知でしょうか。会社の歴史をまとめた『○○株式会社五十年史』のような本です。書店では売っていません。普通の公共図書館でもそれほど所蔵していません。みなさんが社史を目にするとしたら、自分が働いている会社の社史や、得意先の社史くらいではないでしょうか。いずれにしても、あまり手に取る機会はない本です。

この社史をコレクションしているのが、神奈川県立川崎図書館です。4階の社史室に行くと、多くの社史が並んでいます。2016年の時点で約1万8千冊を所蔵し、全国屈指のコレクションとして知られています。

日本一といえるかもしれないのですが、どこまでを社史にするかの基準が曖昧なので（50ページ参照）、断言はできません。国立国会図書館のほうが所蔵している気はしますが、社史という統計がないので数値は不明です。「神奈川県立川崎図書館では社史室で公開しているので、使い勝手も含めれば日本一です」なら嘘ではないでしょう【註1】。

神奈川県立川崎図書館は、川崎市川崎区にあります。川崎駅からは歩いて15分くらいです。川崎市教育文化会館という施設と接して建っています。東隣の敷地は駐車場をはさんで川崎競輪場です。1991年までプロ野球のロッテオリオンズ（現、千葉ロッテマリーンズ）の本拠地だった川崎球場も、当時とは大きく姿を変えていますが、すぐ近くに所在しています。図書館の近隣はこうしたスポーツ・文化の施設や住宅地です。

すこし足をのばせば、最近、工場夜景などでスポットをあびている臨海部の工場地帯です。

神奈川県立川崎図書館は個性的な図書館です。

科学・技術と産業に関する資料（本や雑誌のこと）しかありません。

手前の建物（４階建て）が神奈川県立川崎図書館です。

よくある光景ですが、カウンターにいると、きょろきょろとフロアを見回していたお客さんから、「普通の本はどこにありますか」と、声をかけられます。「この図書館は、科学や産業の図書館なので、小説とかは置いていていません。そうした本でしたら駅前に川崎市立の図書館があるので……」などと対応しています。

はじめに、ごく簡単に、神奈川県立川崎図書館の沿革を説明します。科学・技術と産業に特化した個性的な公共図書館、そして、全国屈指の社史コレクションと社史室はどのように生まれたのでしょうか。

１９５４年に神奈川県立図書館が横浜市西区に開館しました【註２】。その頃、工業都市として発展していた川崎市から神奈川県に「川崎市にも県立の図書館を設置してほしい」と要望がありました。まだ、今ほど日本に図書館が多くなかった時代です。

この要望を受け、神奈川県は川崎市にも県立の図書館を設置することにしました。神奈川県立川崎図書館が開館したのは、1958年の12月です。

2館目の神奈川県立の図書館であり、日本の高度経済成長を牽引していた京浜工業地帯の中心にある川崎市川崎区への設置ということで、一般向けの本だけではなく、科学・技術や産業に力を入れた図書館にすることとしました。当時の内山岩太郎知事は「図書資料も自然科学ならびに商工業に関係深いものに重点をおき、展示室、視聴覚室、会議室等の活用と相まって特色ある図書館として運営してゆきたいと思います」と、神奈川県立川崎図書館の刊行物「京浜文化」(創刊号/1959年6月)に記しています。自治体なので、会社の創業の精神とは異なるかもしれませんが、約六十年、その方針に沿って、今日まで運営を続けてきたようです。

現在の神奈川県立川崎図書館は老朽化が進んだ建物という印象ですが、当時としては注目され、日本を代表する建築雑誌『新建築』(1959年1月号)の巻頭を飾りました。騒音や大気汚染への対策で窓が少ないことが特徴とされています。

開館の半年後には、館内に商工資料室が設けられ、収集対象のひとつに会社史があげられています。以来、大小の変遷を経ながらも、社史の収集は続けられていきます。神奈川県内の企業の社史や特定

ここに並んでいるのは社史という本です。貴重な本だとは、なんとなくわかると思います。でも、手に取りたいですか？　あまり面白そうには見えないかもしれませんね……。

の産業の社史に限らず、全国、全業種を対象とした点が、今日のような大きなコレクションに育つことができた理由だと思います。

なお、この本では「社史」とひとくくりに書き進めていきますが、厳密に会社史だけではなく、業界団体や商工会議所などの経済団体史、労働組合史などを含みます。神奈川県立川崎図書館では「社史類」と表記することもあります。

1980年代になると、だんだん川崎市立の図書館が充実してきました。それまでの神奈川県立川崎図書館では、小説や実用書、絵本など一般向けの本も揃えて、地域の住民のための図書館という役割も果たしていました。しかし、川崎駅の近くへの川崎市立川崎図書館の開館（1995年）などが主な理由となり、科学・技術と産業だけに特化した図書館を目指すことに決めます。

科学・技術と産業以外の本の多くは、横浜の神奈川県立図書館の書庫に移し、館内の配置を変更して、1998年4月にリニューアル・オープンしました。4階が「社史室」となったのも、このときです。リニューアルでは「社史室で社史1万冊を公開」を目玉のひとつにしました。

約3カ月間、休館して作業をしていました。当時、神奈川県の司書になって2年目だった私も、この作業に加わっています。

1階の書庫にあった社史を4階に移動させているとき「どこかで鯖を焼いているにおいがしますね」「図書館で魚なんて焼くかなあ」と話していたら、荷物運搬用の昇降機（ダムウェーター）を酷使しすぎてモーターがこげていました。本は重いのです。

社史室の設置によって、それまで書庫に入っていた社史が公開されました。約70平方メートルの空間に約70連の書架が設置され、閲覧用の座席は4席しかない狭い空間です【註3】。しかし、書庫にある社史を請求して利用するのと、業種の分野ごとに書架に並んでいる社史を、直接、手にとって利用できるのとでは、使い勝手が大幅に違います【註4】。社史を用いた調査や研究をしている方には、とても有益な空間になりました【註5】。

社史室内の様子

リニューアルを終えてほどなく、私は人事異動で神奈川県立川崎図書館を去り、いくつかの職場を転々としたのち、神奈川県立川崎図書館に戻ってきました。館内での部署の変更などもありましたが、2010年度には科学情報課という部署に配属されていました。この時点では、まだ社史を担当していたわけではありません。

(2) 東日本大震災後の節電期間

神奈川県立川崎図書館の入り口を入って階段をのぼった2階には、ちょっとした展示スペースがあり、そこで数カ月ごとに、さまざまなテーマの展示をしています。正式には、ミニ展示といっています。公共図書館としてはわりとしっかりした展示なのですが、なぜ「ミニ」展示なのかといえば、博物館のような大規模な展示を期待して来館された方が、時折、がっかりしているので、あえて「ミニ」を付けています。

ミニ展示は、司書が属する事業部の3つの課（科学情報課、産業情報課、資料整備課）が、数カ月ごとに順番で担当しています。科学情報課の順番になったとき、私は「社史にみる企業キャラクター」という企画を提案して、了承されました。

社史というと、一般的には、会社の歴史をまとめた硬い内容、読んでもつまらない、というイメージがあると思います。そこで、おなじみの企業キャラクター（ロゴやマークを含む、以下同）にまつわるエピソードが、社史に出ていることを示して、親しみを感じてもらい、社史室の利用やＰＲに結び付けたいという趣旨の企画でした。ただし実際には、なんとなく楽しそうだからやってみたい、という理由が、動機の半分以上です。

２０１１年7月から9月（のち、10月までに変更）にかけての開催で、企画の承認は前年度の2月頃には得ていたと思います。年度が変わって、落ち着いた頃から準備を進めればいいや、と考えていました。

3月11日に東日本大震災が起きました。

神奈川県立川崎図書館では、書架からの本の落下などはありましたが、幸いなことに利用者や職員に怪我はありませんでした。建物の上の階にいくほど揺れは大きく、1階での本の落下は数冊であったのに対し、4階の社史室では書架の間に社史が散乱し、足の踏み場もないくらいでした。

余震が続く中、安全を確保するため、書架の耐震工事が終了するまで社史室には利用者が入室できなくなりました。社史を利用するには、書庫にある本と同様に、請求して職員が取りにいくかたちが、7月まで続くことになります。

また、震災直後は節電への協力が求められました。もちろん、神奈川県立川崎図書館も率先して協力しています。照明などはもちろん、パソコンなど電気機器類の使用も最小限にすることとしました。ただ、そうすると、電気を使わずにできる仕事を探さなければなりません。私は「企業キャラクターの展示の準備をしてきます」と、余震にそなえてヘルメットを片手に無人の社史室で社史を取り出しては、事務室などでめくっていました。

節電は徐々に緩和され通常の業務へと戻っていきますが、この数週間が、その後、社史を用いたさまざまな活動をしていく上で、私にとって貴重な時間となるのです。

それまで私が社史に接する機会は、レファレンス・サービス（調べもののお手伝い）での利用程度で、あまり多くはありませんでした。

しかし、この期間は社史を手にとってはめくり、いろいろなキャラクターの記載をひたすら探すことができました。

企業のキャラクターをまとめた本も参考にしましたが、基本的には並んでいる社史を見ながら探していました【註6】。

「不二家のペコちゃんを調べてみよう。たしか不二家の社史はあったはず。どう書いてあるのかな。へえ、こんな由来があって、初期のペコちゃんは、こんな顔だったのか」

「カステラの文明堂も社史があるのか、ＣＭで見かけたのはクマだっけ。社史にはそれほど記載がないなあ、残念。カステラなら福砂屋はコウモリだよね。ふうん、コウモリのマークには、長崎ならではのいわれがあるんだ。」

「キリンビールのキリンのマークにはどんな理由があるのかな。あれ、キリンビールの社史より、明治時代に販売を担っていた明治屋の社史の方が詳しく出ているような……」

などと、一人で社史をめくっては、メモをしていました。

右のような誰もが知っているキャラクターだけではなく、「大きな企業だから、とくに思い浮かばないけれど、何がしかのキャラクターは載っているだろう」や「まったく知らない企業だけれど、ビジュアルな社史だから面白そうなキャラクターが出ているかも」などと幅広く見ていきました。風変わりなキャラクターが載っているのを見つけると嬉しくなりました。

こうした一連の調査では、「こんなページに出ていそう」など、ある程度、予想を立ててめくっているので、だんだんと社史の構成がわかるようになりました。キャラクター以外のページに目がいくこともあり「社史ってこんなことが書いてあるのか」ということも摑んでいきました。

何気なく手にした本から、役に立つ情報が見つかったり、興味や関心が広がったりするのは、図書館という空間の持つ醍醐味です。

また、本はめくらないと背文字にある十文字程度の情報しかわかりません。「何か載っていないかな」と、めくってはじめて発見があるものです。

「めくる」と「読む」とは、感覚的にすこし違います。ここでいう、めくるというのは、最初のページから最後のページまで丁寧に読むことではなく、蔵書をぱらぱらと見ながら要点をつかんでいくことです。読むことを前提に作られている社史もあるし、読み方も自由ですが、一般的に社史は通読するものではなく、必要なところを部分的に見ていく資料だと思っています。

(3) 展示「社史にみる企業キャラクター」の開催

社史にみる企業キャラクターの展示では、いくつかの企業からキャラクターを借りることにしました。スペースが限られているので、店頭ディスプレイくらいをイメージしました。

職場にある記録では、4月中旬頃、ケロちゃん&コロちゃんの興和、ペコちゃんの不二家に「店頭ディスプレイ等を貸していただけないでしょうか」と依頼の手紙を出しています。いきなり電話をして、図書館の展示で使うということをうまく説明できそうもないので、過去の展示風景の写真や、趣旨の説明を書いて封書で送りました。

送付先の部署がわからない場合は「広報ご担当様」と書いて送っています。企業にとって、広報に

ミニ展示「社史にみる企業キャラクター」のポスター

ミニ展示「社史にみる企業キャラクター」の会場

つながるかもしれないと感じてくれる方に受け取ってもらったほうが、借用できる可能性が高いという考えです。

興和と不二家から、ともに前向きな返事をいただいたので、説明にうかがって、店頭ディスプレイやグッズを借用することができました【註7】。その後、神奈川県ゆかりのキャラクターも紹介したいと思い、横浜名物シウマイでおなじみの崎陽軒にも、ひょうちゃんのグッズ等の借用をお願いし快諾していただきました【註8】。

余談ですが、たまに「公共機関で、企業の宣伝になる可能性があるものを展示していいのですか」と、かえって依頼先の企業から気を遣われてしまうことがあります。あくまで神奈川県立川崎図書館の場合ですが、科学・技術や産業の図書館なので、そもそも企業とタイアップしないとできない展示やイベントが数多くあります。まして、社史の場合、企業を前面に出さない催事は不可能です。もちろん、宣伝色が強くなりすぎるようなことはしていませんが、神奈川県立川崎図書館では、テーマに応じて企業に協力していただくことを普通に行っています。このあたりは図書館によって対応に違いがあると思います。

企業から直接、借用する以外にも、「自宅に企業のグッズがあるよ」という職員には、持ってきてもらい社史と一緒に展示しました。

キャラクターと社史を並べておくだけではわかりにくいので、そのキャラクターが社史にどのように書かれているのかを、引用や要約した、簡単な解説パネルを作っていきました(26、27ページ参照)。

私一人で作るわけではありません。同じ科学情報課の課員に作業を割り振って準備を進めていきます【註9】。

お馴染みの企業キャラクターがテーマなので、課員も楽しんで作業をすることができたと思います。みんなが楽しんで取り組めるイベントは、うまくいくことが多いです。

パネルには、生年、出身地などの項目も設けました。

たとえば、牛乳石鹸共進社株式会社の『牛乳石鹸100年史』というパネルだったら、

キャラクター：牛のマーク
生年・出身：1928年（自社商標）、大阪
牛のマークの由来（一七ページより、一部変更）：創業20年を迎えた1928年、佐藤貞次郎商店から「牛乳石鹼」の商標を譲り受け、念願の自社商標による製造販売が実現した。当社のブランドとしての「牛乳石鹼」が、ようやくここに誕生したのである。
　昔からよく言われる「商いは牛のごとく」には、前に進んでも後へは退くな、ねばり強く前進せよ、という意味がある。牛はおどろくべきバイタリティーの持ち主でありながら、性格はすこぶる温順であるため、誰からも愛し親しまれている。堅実なる経営のもと、誰からも愛される製品をつくり続ける、まさに「牛の姿」にほかならない。牛のマークは、自社製品に表示する商標であることはもちろんのこと、社の精神をも象徴させたものである。

といった感じです【註10】。

こうして、7月に開催を迎えました。節電の関係で、展示会場の照明が、いつもより薄暗かったことを覚えています。

日用品、食べもの、飲みもの、お菓子、くすり、サービス、雑貨の6つのグループに分けて、計31

の社史&キャラクターを展示しました。

たくさんの社史を見てきましたが、実際の展示では、わりと誰もが知っているようなキャラクターで、かつ、グッズや商品などを借用・入手できたものを優先しました。例えば、日用品のグループであれば、牛乳石鹸の牛、金鳥のニワトリ、花王の月、ライオンのライオン、サンスターのペンギンを取り上げ、それぞれの社史と、キャラクターが出ている商品のパッケージなどを一緒に並べたという具合です。

14ページの展示スペースの写真を見てわかるように、目立つのはどうみても、ケロちゃん&コロちゃん、ペコちゃんらキャラクターのディスプレイです【註11】。しかし、キャラクターが主役ではありません。キャラクターの隣のケース内に、該当するページなどを広げて置いた社史が主役です。あくまで、キャラクターは呼び水で、社史に引きつけるというのが趣旨です。

私は図書館の展示を、展示品そのものの知識を得ることより、資料の魅力に気がつき、利用に結びつけるきっかけにしたいと考えています。したがって、「社史でこんなことがわかるんだ」と認識してもらえれば十分だと思っています。

展示などのイベントを、メディアに取り上げてもらえれば、来館のきっかけとなることが期待できるし、図書館の活動の紹介にもなります。

神奈川県立川崎図書館は科学・技術と産業をテーマとする個性的な図書館です。個性的な図書館であるがゆえに、来館者が限られてしまう傾向もあるので、図書館の存在や活動を積極的にアピールしていくことが求められます。

職員も、広報にはとりわけ力を入れています。

たとえば、神奈川県立川崎図書館から徒歩7、8分くらいにある川崎市役所の周りには、新聞社の川崎支局が点在しています。我々は「支局めぐり」などといっていますが、各支局に行って、インターホンで「こんにちは、神奈川県立川崎図書館です。今度、当館でこんなイベントがあるのですが、多くの方に知っていただきたいので、紹介していただければ嬉しく思います」と声をかけ、チラシを置いていきます。掲載の可能性は高いとはいえませんが、話を聞いてもらえたり、後日の取材へと繋がったりして、イベント案内や記事として掲載されることもあります【註12】。県の広報機関を通して、参考資料送付（プレスリリース）をして、メディアに情報を伝えたりもします。

この「社史にみる企業キャラクター」の展示は、会場風景の写真などを広報用の資料に加えました。キャラクターは目をひくこともあってか、多くの記者の方が関心を寄せてくれたみたいで、ほぼすべての新聞の地域面に掲載してもらうことができました。展示の広報は「今から取材にいってもいいですか」というケースもあるので、私は開催直後に行うようにしています。

展示品を借用した企業の方も、どんな風に展示されているのかを見に来てくださり、皆さん、喜んでくださったので安心しました。

とくに、興和のホームページでは展示会場の様子を紹介していただきました。「興和さんのホームページに載っているよ」と、我々も喜んでいました。普段、神奈川県立川崎図書館とまったく縁のなかった方に対しても「社史を集めている図書館があるんだ」と認知される機会になります。

さて、神奈川県立川崎図書館ではミニ展示とあわせて、関連講演会を催すのが通例となっています。講師を探さなくてはいけません。社史について話せる方も、企業キャラクターについて話せる方もいるでしょう。しかし、その両方について話せる方はたぶんいないので、自分で講演（というよりは資料紹介）をすることにしました。

自分が話すのを自分で積極的に広報するのには違和感があったので、あまり大きく告知しなかったのですが、2回開催して、各回10名くらいに参加していただけました。

内容は、今回、展示できなかったキャラクターを含めて、こんなキャラクターが社史に出ていて、こうした由来が書いてあったと、つぎつぎに紹介していくものでした。アンケートでは「一般消費者と社史の接点がほぼない中で、今回のテーマは良かった」や、「いろいろな視点から社史を活用できることがわかった」「社史の読み方がいろいろあることを知った」などの感想などをいただきました【註13】。今回のイベントを通して、私が伝えたかったことなので、とても嬉しかったです。

10月に展示を終えてキャラクターを返却するのですが、毎日、見ていたキャラクターには愛着がわいてしまっています。返却の日は、図書館にちょっと寂しさが漂っていました。

ここで、神奈川県立川崎図書館の組織的なことを説明しておきます。司書が配属されている事業部には、科学情報課、産業情報課、資料整備課と3つの課があると書きました【註14】。2011年の3月まで社史室は産業情報課が担当していました。課の名称としては、そのほうがしっくりくると思います。その頃の館内の役割分担を、簡単に示すと、次のようになります。

科学情報課…おもに科学技術室（3階）、および、やさしい科学コーナー（1階）
産業情報課…おもにビジネス支援室（1階）、および、社史室（4階）

この配置は動線的に距離があり、担当者のいるフロアと担当するフロアが離れていて、対応に支障がありました（2階は事務室等です）。そこで、3階の科学技術室を担当している科学情報課が4階の社史室を担当し、逆に科学情報課が担当していた1階のやさしい科学コーナーを産業情報課の担当にする、業務のとりかえっこをすることになりました。

年度末にあわただしく出た話です。当時の上司に「社史室の担当、誰にしようか？」と相談され、企業キャラクターの展示の準備をしていたこともあり「私、やりますけれど」と言ったら、「おやっ？」と意外そうな表情をされたような記憶があります【註15】。

説明から取り残された資料整備課は本や雑誌の購入、データの整備などをしている部署で、社史では寄贈依頼や受け入れという重要な役割を果たしています。社史の寄贈や受け入れについては8章で触れますが、おおまかにいえば、社史の収集は資料整備課、活用は科学情報課の担当になります。

なお、この本では社史の仕事のことばかり書いていますが、私の担当は社史だけではありません。社史の業務が拡大した現在でも、社史の仕事は私の全仕事量の4割未満だと思います。

ともあれ、私は社史室の担当になりました。この業務の変更がなかったら、私が社史を担当することはなかったかもしれません。その後の神奈川県立川崎図書館の社史室の活動も違ったものになったでしょう。

「社史にみる企業キャラクター」のような社史を用いた単発的なイベントは別にして、社史室独自の活動は、当時、とりたてて何も行われていませんでした。社史室の担当になったからといって、以後に書くような事業を展開せず、社史室の日常的な業務だけをこなしていても、大きな支障はなかったのかもしれません【註16】。

読む註

（1）

【註1】　正確な統計や根拠を知らないのですが、日本ほど社史を出している国はないそうなので、大風呂敷を広げれば「世界一」といえるかもしれません。

欧米の企業の歴史は、企業自体が編纂せず、研究者ら第三者による執筆や、出版社からの刊行が多いと聞いたことがあります。また、社史よりはただ、経営者の回顧録になるというイメージもあります。ただ、私自身が海外の社史を調査していないので断言できません。

日本に社史が多い理由のひとつには、企業が長く存続していることがあげられるでしょう。老舗企業や百年企業について書かれた本を読むと、たいてい日本に長寿企業が突出して多い説明や統計が載っています。ちなみに世界最古の企業は、大阪市天王寺区で建築業を営む金剛組（578年創業）です。世界最古の宿泊施設は山梨県早川町の慶雲館（705年創業）です。残念ながら社史の刊行は確認できていません。

【註2】　都道府県立として設置される図書館として、神奈川県は最後から2番目の都道府県でした。ちなみに最後は、1974年の兵庫県立図書館です。

【註3】　都市部の3LDKのマンションくらいの面積ですね。マンションの部屋をしきる壁をなくして、本棚が隙間なく並んでいる空間をイメージしてみてください。

【註4】　各企業の業種を、日本十進分類法という図書館の分類法に当てはめて並べています。しかし、もともと企業を分類するためのものではないので強引な分類もあります。社史の分類の話はややこしいので、本書では扱いません。

【註5】　この項目は、『神奈川県立川崎図書館10年

史』（1969年刊）、『神奈川県立川崎図書館30年史』（1989年刊）、神奈川県立川崎図書館50年史』（2008年刊）などを参考にして書きました。もし、これらの年史が無ければ、わからないまま終わってしまった事柄もあったでしょう。社史を刊行する大切さを、ここでも知ることになります。ただ、それぞれによい年史ですが、せっかくたくさんの社史を参考にできる環境にあるのなら、もう少し工夫した年史を作れたのでは、という気もします。

（2）

【註6】 企業のキャラクターを調べるのに参考にした本を例示すると、『図解 誰かに話したくなる社名・ロゴマークの秘密』（本間之英著、学研、2005年刊／2巻も同年に刊行）や『企業&商品キャラクター大図鑑 カンキャラ。』（ネコ・パブリッシング、2004年刊）などがあります。

（3）

【註7】 当時の館長から「高田さんが酔っ払って、どこかの商店街から持ってきたのだろ」などと冗談を言われました。

薬局ではケロちゃん&コロちゃんと並んで、佐藤製薬のサトちゃんも有名ですが、佐藤製薬の社史を所蔵していませんでした。他の図書館にもないようなので刊行されていないのかもしれませんが、断定はできないので、所蔵していないと書きます（他の社史も同様です）。

ケンタッキーフライドチキンのおじさんというのも思いつきましたが、当館の展示会場には大きすぎるし、そもそも社史を所蔵していませんでした。

【註8】 不二家も横浜創業の企業ですが、ペコちゃんが生まれた戦後には、本社を東京に移しています。展示のパネルにペコちゃんの出身地を東京と書いておいたら「不二家は横浜創業なので、ペコちゃんも横浜出身では」という意見をいただいた

ことがあるので、念のため。

【註9】　館員の雇用形態は、正職員、臨時職員、再任用職員、非常勤職員と、まちまちです。201６年度の科学情報課の場合、課長を含め正職員3名、臨時職員2名、非常勤職員8名という構成です。全員、司書資格は持っています。私は正職員です。この本の後半に登場する、Hさんは正職員、Kさんは臨時職員、Aさん、Mさん、Oさん、Fさんは非常勤職員です。

上司と書いているのは、部長や課長ですが、1、2年で代わっている課長も多く煩雑なので、あえてS部長、T課長のような表記はせず、上司とひとくくりにしてしまいます。

なお、この本のように職場での仕事を記した文章の場合、「私が」より「我々が」と書くべきでしょうが、社史の取り組みに関しては、かなりの部分を「私が」やっているので、あまり気にせず一人称で書き進めます。

【註10】　企業の意に反することや間違ったことを書かないように留意しています。そのため、たいていは、社史の本文のそのままの引用または要約です。作る立場としても、そのほうが楽です。もちろん、出典は明記しています。

例示した「牛のマーク」の牛には愛称でもないのかなと探しましたが、記載が見つけられなかったので、社史にある表現のとおり、牛のマークと記しました。

【註11】　じつは、社史にみる企業キャラクターの展示会場の写真は、ほとんど残っていなくて、とっても残念だったのですが、NPO図書館の学校（現、図書館振興財団）の知人が、別件で取材にいらしたとき、展示会場の写真を何枚か撮っていたのを思い出し、譲ってもらいました（本書に掲載している写真ではありません）。以後、社史の講演会などで社史編纂に携わる方の苦労話をたくさん聞くことになるのですが、みなさんの「写真がない」という話を耳にするたびに、この件が頭に浮かびます。

【註12】　新聞社や支局によって対応はまちまちです。「お断り」なこともあります。もし、同様のこと

をする場合には、事前に電話等で連絡や確認をしてから伺いましょう。

【註13】 アンケートでいただいた感想を本書に載せる場合、文意を損なわないように、読みやすく書き改めていることがあります。(以下、同)。

【註14】 事業部以外にも、事務や経理などを担当している管理課があります。この本にはあまり登場しませんが、いつも図書館の業務を支えてもらっています。

【註15】 当時の上司が退職するときの送別会で「どうしてあの時、意外そうな表情をしたのですか」と聞いてみました。「憶えていないけれど、ほかの仕事を頼もうと考えていたと思う」と言われました。何だったのでしょうね。

【註16】 この一文を書きつつ、「ここから先のこと、全部やらなくてもよかったのかい」と自分で笑ってしまいました。

『不二家・五十年の歩み』

株式会社不二家（1959年刊）

●キャラクター：ペコちゃん・ポコちゃん
●生年・出身：1950年・東京

【ペコちゃん・ポコちゃんの名前】（198pより、一部変更）

ミルキーの紙箱を飾っているペコちゃん、ポコちゃんの、あの顔のデザインは、ミルキーといっしょに生まれたものだが、「ペコ」「ポコ」という名前そのものは、実は戦前の1933、4年ごろから不二家にあったものである。

ペコ、ポコというのは、れっきとした日本語系の言葉である、といっても、本当にしない人の方が多いのではあるまいか。しかし字引きを引けば、室町時代の古語で幼児のことを「ぼこ」といったとあり、また小牛の愛称を各地とも「べコ」ということが多い。この「ぼこ」「べこ」に、多少とも西洋風に手を加えたものが「ポコ」と「ペコ」だと考えていいようだ。

●ペコちゃん人形（201pより、一部変更）

1950年度の日劇ダンシング・チームのだしものの一つに「真夏の夜の夢」というのがあった。そのレビューの一場面に、張り子の動物たちがうんと出てきて、踊りまくるところがある。「ああいう張り子を不二家の店頭においてみたらどうだろう。なにかおどけた印象で、道行く人の目をひきやすいのではないだろうか」。社長の藤井誠司がそう考えたときに、ペコちゃん人形の企画がはじまった。

ペコちゃん人形の第一号は、日劇の大道具係りの人に頼みこんで作ってもらった。それをためしに銀座六丁目店に置いてみたところ、お客やこどもたちが予想以上に面白がって、ポンポンと頭をたたいて行く。この成功に勢を得て、やがてはまた全店に置くことになった。

『興和百年史』

興和紡績株式会社／興和株式会社（1994年刊）

- キャラクター：カエル（ケロちゃん＆コロちゃん）
- 生年・出身：1949年・東京

【カエルの登場】（288pより、一部変更）

製薬会社はもちろん、多くの企業の広告宣伝に活躍する「動物キャラクター」の先駆となり、今日でも薬局店頭で愛嬌を振りまいている当社のマスコットカエルの誕生のエピソードを紹介する。

1949年の春頃、中村瀧商店のデザイナーが、ベッドに寝転んでいるカエルの絵を手すさびに描いているのを医薬部門の吉野金三郎が見つけ、これは使えるとレスタミンの新聞広告に使い始めたのが始まりである。初登場の広告では「奏効三〇分以内」という見出しの下に、懐中時計を持った医者カエルとベッドに横たわった患者カエルの二匹が描かれており、「どうだ調子は」との医者カエルの問いに、患者カエルが「ケロリ、ケロリ」と答えるという、地口めいたセリフがはめこまれていた。デザイン、顔付きも今日とはかなり異なるものであった。登場した当初はさほど評判にならなかったが、繰り返し使っていくうちに人気も上昇し、のちに昭和30年代にはコルゲンのイメージキャラクターとして製品の販売促進と当社医薬部門の知名度向上に大きな役割を果たすことになる。

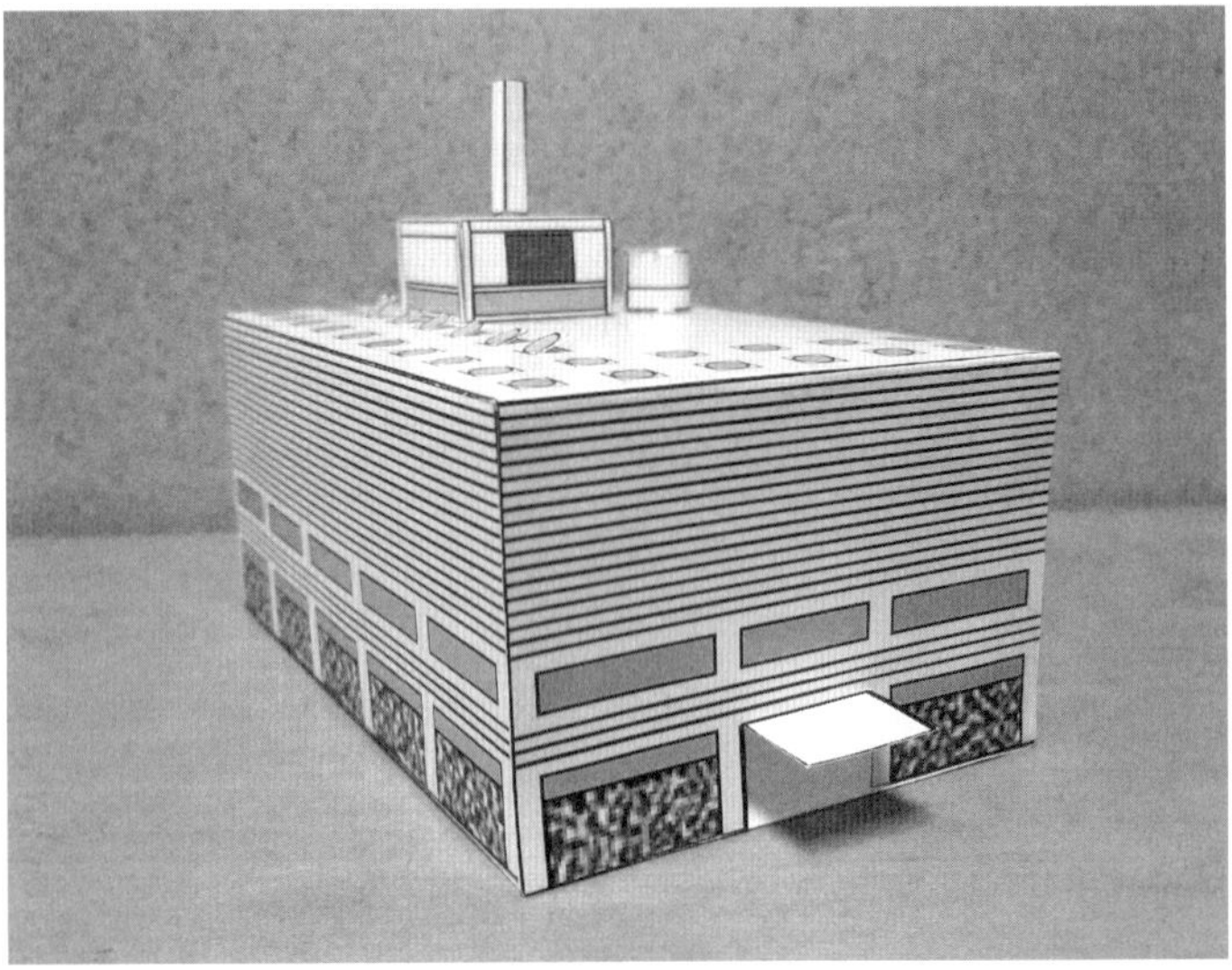

神奈川県立川崎図書館のペーパークラフトの完成図。ペーパークラフトの組み立て前の図は48ページにあります。建物が直方体なので、ペーパークラフトくらい簡単に作れるのでは、と図面を見ながら作成してみました。イベントで配布したり、ホームページからダウンロードできるようにしています。

2章

新聞連載「社史をひもとく」

展示「社史にみる企業キャラクター」が好評だった夏頃、当時の神奈川県立川崎図書館の館長の後押しなどもあり、神奈川新聞に社史に関する連載をする機会をいただきました。私はこれまで、図書館に関する本を何冊か書いていたので、文章は書けるのだろう、と思われていたようです【註1】。ただ、社史について文章を書くのも、新聞連載をするのもはじめてです。

まずは、展示が面白かったということで、企業のキャラクターを紹介していきましょう、と打ち合わせをしました。連載が続けば、キャラクター以外もテーマにしたかったので「社史を楽しむ」というタイトルにして、２０１１年9月から月に2回、連載をしています。

展示をした誰もが知っているようなキャラクターだけではなく、展示では紹介できなかった知名度の低いキャラクターも含め、このキャラクターは社史にこう書かれていますと、1回に2社（2冊）、紹介していきました。2社にしたのは、文量との兼ね合いもありますが、1社だけ取り上げると宣伝っぽくなくなるかな、という気持ちもありました。

図版などを掲載したいときは企業に許可をとりました。電話で「神奈川県立川崎図書館に勤めている高田と申しますが、神奈川新聞に社史の連載をしていて、貴社の……」と伝える際、自分の立場をうまく説明できず（当然、相手もわからず）、けっこう大変でした。電話をしながら、自分自身「図書館員なのに、なにをやっているんだろう」と感じていました。のちには、手紙などでこれまでの記事を送ってから依頼をしたので、説明しやすくなりました。

私の場合、新聞や雑誌への執筆は、職場の許可を得た上で、仕事として無償で応じることがほとんどです。社史を紹介する連載ですが、結果的には、神奈川県立川崎図書館の紹介にもなっています。このくらいのスペースの広告掲載料はいくらくらいになるのかな、すこしは人件費のもとをとれているのかな、などと考えたこともあります。

月に2回とはいえ、組版（初校）から校了までの新聞刊行のスピード感にとまどったり、校正箇所が多かったりと、迷惑をかけながらの連載でしたが、時間のあるときに集中的に書き溜めるなど、だんだんと連載に慣れていきました。

おおよその書き方は、次のような感じでした。

例えば、書架で『河合鋼鐵111年のあゆみ』という本が目にとまったとします。背文字にはそれしか書いていないので、とくに興味がなければ、歴史のある金属関係の会社だね、と、通り過ぎてしまうことが大半でしょう。そこで何秒かの手間を惜しまず、ぱらっとくらいめくっておきます。ここが大事です。めくらなければ何も起こりません。めくっても「ふうん」で終わってしまうことが大半です。しかし、たまに思わぬ記載にめぐりあいます。『河合鋼鐵111年のあゆみ』をめくっていたら、威厳のある顔をした人物のマークが出ていました。

「誰だろう。えっ、東郷平八郎がマークになっているんだ。どんな理由があるのかな」と意外な発見に嬉しくなりました。

そのまま書架に戻してしまうと、のちのち、どの本に書いてあったのかがわからなくなるので、メモをとっておきます。

この東郷平八郎のマークを、連載で紹介したくなります。先ほど書いたとおり、1回で2冊を取り上げようと決めていたので2冊目の本を考えます。

「東郷平八郎と組み合わせるなら何だろう、日本海海戦、戦艦の三笠、横須賀とか、どうも社史のキャラクターとは結びつかないな……。」

そこで、企業キャラクターについてまとめた本、インターネットの情報、これまでの記録や記憶を参考に、森下仁丹のマークと結びつけることにしました。

このような過程を経て、次のような文章にまとめていきます【註2】。

仁丹は１９０５年に発売されました。仁丹といえば、口ひげをはやした明治時代の軍人のようなマークを思い浮かべる方も多いでしょう。マークの人物が着ているのは大礼服という戦前の文官らの正装です。『森下仁丹一〇〇周年記念誌』（１９９５年刊）よると、創業者の森下博は、大礼服のマークを外交官だと語っていたそうです。仁丹の発売にあたり、１００回におよぶ改作と修正がなされて大

2013年から使われている現在の商標

看板「東郷ハガネ」（1955年製作）

礼服のマークは決められていきました。凛々しい中にも親しみのあるマークは、日本だけでなく世界各国に広がり「保健の外交官」の役割を積極的に果たしました。なお、仁丹の発売以前から、ドイツの宰相ビスマルクを商標にした薬があり、その商標をデフォルメしたという説などもあるそうです。

『河合鋼鉄111年のあゆみ』(1983年刊。現在はカワイスチール)からは、東郷平八郎を商標にした東郷ハガネの存在を知りました。日露戦争後、社長の河合佐兵衛は洋鋼の輸入先である英国のアンドリュー社から、世界的な名将となった東郷を商標にすることを薦められました。東郷をローマ字で書くと「TO, GO」になるのも理由です。そこで河合が東郷を訪問したところ、東郷は「自分は若い頃から鋼に関心をもち、小刀を作った事もある。アンドリューの鋼は一番よかった」と自身の名前を商標に使うことを許可したそうです。東郷の肖像も看板やカタログに用いられました。社史には、東郷から送られた社是「至誠」の額や署名入りの写真なども掲載されています。

書架で社史を見ていくだけでなく、新着の棚にある社史にも必ず目を通すようになったのは、この頃からです。

キャラクターやマークで6回ほど連載したあとは、関東大震災をテーマにしました。「社史を楽しむ」という連載名で書くのは憚られたので「社史をひもとく」に変えています。

以降、テーマにしたのは、経営のエッセンス、技術の力、東京オリンピック、広告あれこれ、食をめぐる話、年末年始、です（計32回）。しばらく間をあけ2013年5月から「社史って楽しい！」という題名で同じような連載もしています（計7回）。

連載では、ただ面白いテーマを見つけてまとめていただけではありません。社史は、その1冊だけでは、企業の歴史をまとめた本です。しかし、複数の社史を見ていくと、活用の幅が広がります。

例えば、ANA（全日空）の社史はANAという企業の歴史を述べたものですが、JAL（日本航空）をはじめ、いくつか航空関連会社の社史と合わせて見ていけば、それは、日本航空業界史、になります。

あるテーマを切り口に多くの社史を調べてみるのもよいでしょう。

いろいろな企業が、関東大震災にどう対応したのか、東京タワーの建設にどう関わったのか、1964年の東京オリンピックにどう臨んだのか、を調べていけば「社史にみる関東大震災」「社史にみる東京タワー」「社史にみる東京オリンピック」という本を書けるくらいのネタはすぐに集まりそうです【註3】。

歴史的な出来事だけではなく「発明」「広告」「ファッション」などというテーマで見ていっても、いろいろな発見があるでしょう。「会社が苦しい時の対応」を読んでいけば、ビジネスや自己啓発にも役に立ちそうです。

切り口を例示することで、社史の活用法を知ってもらいたいという意図を持って書いていました。新聞の連載を読んだ方が「さっそく社史を利用しに行こう」となればいいのですが、利用者が急増するということにはなく、私もそれほど社史に強い求心力があるとは思ってはいません。あくまでニッチな資料です。

ただ、こうした機会を通して「社史って面白いな。神奈川県立川崎図書館では社史をコレクションしているのか」と、頭の片隅にインプットして、将来、5年後でも10年後でも、何か知りたいことや調べたいことができたとき、「そういえば、社史って本を見てみようかな。社史を集めている図書館もあったはずだけれど……」と思い出して、選択肢が広がればいいなと長期的に考えています。

カウンターにいると、たまに来館者から「昨日、新聞を読んだよ」と声をかけられました。神奈川県のいろいろな部署で働く同僚や、県内の図書館の同業者にも「毎回、読んでいます」とよく言われました。決まった層だけでなく、不特定多数に発信できる新聞のちからというものを感じました。

次頁からは連載していた記事をいくつか転載しておきます。社史の楽しさや、社史の切り口の見つけ方を摑んでいただければ幸いです【註4】。

【東京オリンピック 1964】……………………………2012年7月26日、8月9日掲載

大同毛織（現、ダイドーリミテッド）は、フジヤマのトビウオとして知られる競泳選手の古橋広之進が在籍していた縁もあり、戦後に日本がオリンピックに復帰して以来、選手団のユニフォームの生地を寄贈し続けてきました。東京オリンピックの開会式で選手団は赤いブレザーと白いズボン・スカートというユニフォームで入場しましたが、当初はこの色ではなく江戸を象徴する江戸紫が指定されていました。大同毛織では、江戸紫の見本も用意しましたが、「赤と白こそ東京オリンピックにふさわしい」と逆に提案し、日の丸カラーが採用されたそうです。『DAIDOH130年 1879〜2009』（2009年刊）で、当時の担当者は「ダイドー人生で一番、愉快な想い出」と回想しています。

レスリング界の重鎮・八田一朗と親交のあった広研印刷の創業者・前川槻二は、東京オリンピックのレスリングと体操のデイリー・プログラムを受注しました。小さな会社が請け負うのは異例で、あまりの激務に前川が倒れてしまうほどでしたが、社員総出で過酷な作業をこなしていきました。最後の納品を終えて前川が事務所を見まわすと、壁一面に試合スケジュールと結果、作業スケジュールなどがびっしりと貼られていました。仕事の進捗状況を共有できるように、あらゆる情報を貼り出していたのです。これだけのことをやり遂げたという実感から「男冥利に尽きる」という言葉はこのとき

のためにあると思ったそうです。レスリングと体操で日本は10個の金メダルを取り「連日徹夜、徹夜で仕事をしてくれた前川さんはまさしく陰の功労者です」と陸上競技連盟の理事長・青木半治からもねぎらわれました。社史『挑戦の50年』（２０１０年刊）の巻末には、東京オリンピックでの功績をはじめ各所から贈られた多くの感謝状・表彰状が掲載されています。

開会式から閉会式までの15日間、国立競技場の聖火台で燃え続けていた聖火。この聖火の燃料はLPガスで、実質的に供給していたのはニチガス（日本瓦斯）でした。社史『ニチガス35年史　首都圏に生きる』（１９９０年刊）によると、聖火を灯すためには1日約3トンのLPガスが必要でした。ニチガスでは田無の工場でLPガスを容器に詰め、クレーン車で毎日運搬しました。３トンのガスを一度に運べる車を持っていたのはニチガスだけ。「ガス切れはニチガスのみならず日本の恥と、供給体制に万全を期した。クレーン車からの配送作業は危険でもあり、緊張と重責の連続だった」と担当者は振り返っています。

イベントの舞台照明などを扱っている共立の社史『共立は一日にして成らず　株式会社共立50年史』（２００８年刊）には、同社が手掛けた多くのイベントが記録されています。国立競技場での閉会式の後、新宿御苑に移ってレセプションが行われました。会場には模擬店が並び、スタッフ総出で2日2晩かけて仕込んだ紅白2千個の提灯で美しく彩られていました。ところが外国の選手たちには提灯が珍しく、次々に提灯を持ち去ってしまいます。裸電球だけが残った会場は、戦後の闇市の夜店のようだったと記されています。会場のセンターでは秋田の竿灯も催されましたが、これにも選手たちが群がり、竿を倒して提灯をもぎとって大歓声をあげていたとか。照明スタッフ達の「ちょっぴり苦くも懐かしい思い出のひとコマ」と紹介されています。

【広告あれこれ　大相撲】

2012年9月13日掲載

水産加工食品でおなじみの紀文の創業者、保芦邦人は大の相撲好き。自身も最上川というシコ名で東京の各区対抗戦にも出場、個人の部では準優勝もしました。終戦後の物資が不足している時期、紀文は大相撲の呼び出しに土俵着（着物）を提供しました。そしてテレビ中継がはじまると、社名の入った土俵着によって紀文の知名度は急上昇します。ただ、相撲で紀文の社名は見かけるけれど、何の会社だかは知らない人が多かったといいます。そこで紀文では1966年、池袋の西武百貨店で紀文場所という催事を行います。売り場にはやぐらを組み、販売員は呼び出しの姿をしました。さらに、やぐら太鼓が打たれ、紀文の商品が呼び上げられました。この実演販売を中心とした紀文場所は話題を呼び、全国の百貨店でも開催され、紀文のイメージアップに大きく寄与します。『KIBUN　革新と挑戦と夢』（1989年刊）から紹介しました。

おつまみや珍味を作っている名取商会（現、なとり）の名取光男社長も、若葉山という関取の東京後援会長をしていた相撲好き。紀文の保芦社長とも親しく「うちでも大相撲を応援しよう」と、やはりテレビ中継以前から呼び出しに土俵着を提供します。さて、名取や名取商会という文字は大衆嗜好品には堅い感じがします。京都の書家・秋山公道に親しみやすい文字を依頼したところ、平仮名の「なとり」の書が送られてきました。この文字を商品の包装に用い、土俵着の背中にも染めました。「なとり」の文字を背にした呼び出しのイラストは商標にもなり、1964年には名取商会からなとり商会に商号を変更します。以上は『なとり五十年の歩み』（1988年刊）から。各種商品の開発エピソードもたくさん載っています。

【関東大震災と復興】

2012年1月12日、1月26日掲載

関東大震災では多くのガラスが割れました。当然、震災後には大きな需要が生まれます。『日本板硝子株式会社五十年史』（1968年刊）には、日米板硝子（旧社名）に住友銀行から派遣されていた工場経理課長の回想が載っています。「矢継ぎばやに舞い込む出荷指示の電報に応じて無制限にガラスを送っていったのでは、業者を儲けさせるだけである。出荷を見合わせて値上げをしてはどうであろう」と工場経理課長は本社に提案しました。折り返し直ちに「本社に出頭せよ」と連絡が来ます。

さらに本社で命じられるまま、住友合資会社の理事に会いにいくと、「どういうつもりで日米板硝子の仕事をしている。人の弱みにつけこんで儲けるなどもってのほかだ。住友の精神はそんなものではない」と厳しい小言を受けたそうです。

もうひとつ、『第一銀行史』（1957年刊）から。第一銀行は大きく被災した東京・兜町の本店を八重洲町に移し仮営業所で再開しますが、その地所には三菱銀行が隣接していました。第一銀行の頭取は三菱銀行の頭取を訪ね「近隣に同業が移って迷惑であろうが、非常時なので了解してほしい」と挨拶し快諾を得ます。その後、本店を兜町に戻す際、仮営業中に丸の内方面の取引先も増えたので「支店として残したい」という行員からの要望も出たそうですが、頭取は「ここに移るにあたっては三菱銀行に了解を得ている。預金があるからといって支店は設けられない」と直ちに退けたそうです。

いずれも大正時代の企業風土が感じられるエピソードとして紹介しました。

『清水建設二百年　経営編』（2003年刊）に出ていた関東大震災時のエピソードを紹介します。当時、東京を代表する百貨店であった白木屋呉服店の日本橋本店は震災後の火災で全焼しました。白木屋呉服店の社長は清水組（現、清水建設）に「良い品物を販売して震災後の配給機構を生かしたい。そのためにはまずカンナのかかった真新しい建物をつくって市民の平常心を取り戻したい」と依頼します。清水組自体も被害を受けていましたが、「非常時にこそ奉公せよ」と仕事を引き受けます。ちゃぶ台を製図板にして描いた図面を名古屋に持参して木材を刻みました。その木材は東京へ届いたのちに盗難にあうものの、繰り返し手配するなどして、震災の翌月には注文通りカンナのかかった真新しい仮営業所を完成させました。

このエピソードは『白木屋三百年史』（1957年刊）には載っていませんが、震災とその後の対応は克明に記録されています。白木屋呉服店は震災で大きな損失を受け苦難の時代を迎えますが、知恵を出し合って乗り切ります。例えば食堂が手狭になったので、海外の百貨店での視察を参考に、ケースに飲食物の見本を置いて選びやすくし、入り口で食券を販売して、回転率をあげました。今では当たり前のよう店頭に並ぶ食品サンプルですが、白木屋の食堂から日本に普及していったそうです。

社史の「関東大震災と白木屋」の項目には、ほかにも「特売場の活用」「大阪支店の土足入場」「ネオンサインの先駆」「百貨店の有料展覧会」「株主優待票の発行」などの小見出しがあり、当時の百貨店としては斬新な試みが多数紹介されています。

【技術のちから　ホンダの図面】……2012年6月7日掲載

1959年、平田プレス工業の下請けをしていた福田製作所の福田治六は、平田社長から「今日は黙って俺についてこい。名刺は持たなくてよいから」と誘われます。行先は二輪車のスーパーカブを製造していたホンダ（本田技研工業）の埼玉工場。ホンダの担当課長は部品の図面を見せ「外注品はコストが高く品質の面でも困っている。いい知恵はないか」といいます。福田は夜も寝ず知恵を絞って従来とは違うプレス方法を考案し、「今度は名刺が必要だぞ」という平田と共に試作品を持ってホンダを訪ねました。そして部品の採用が決まり発注書を見ると平田プレス工業宛てになっています。平田は「福田君が作ったものです」と1時間以上かけて、発注先を福田製作所に書き換えさせました。これが福田製作所（のちエフテック）とホンダの密接な協力関係がはじまった日と『エフテック50年史』（1998年刊）では述べています。

1986年、田中精密工業からホンダの和光研究所に派遣されていたエンジニアは、研究所の上司から「困ったことがある」と開発中の次世代エンジンの中枢部品の相談を受けます。「田中精密工業で作ることができないか」と図面を見せられますが「あまりにも図面が複雑すぎる。今のうちの力では無理だ」とうなだれました。しかし、このエンジニアは知りませんでしたが、田中精密工業では新しい治具研削盤を導入していたこともあり、試作品づくりを引き受けていました。それから田中精密工業では総力をあげて開発に取り組みました。「何度も失敗を繰り返し、汗にまみれ、図面を修正しながら、技術開発陣は目を血走らせていた」と書かれています。受注から3年後、ようやくこのVTECエンジンを搭載した車が発売されました。社史『飛翔』（1998年刊）の「決断と実行／田中精密工業の歴史を変えた瞬間」から紹介しました。

【食をめぐる話　なんとかならないか】

2012年11月22日掲載

『わさびの花　金印わさび50年史』（1979年刊）には、ワサビ以外にも多くの発明品が登場します。刺身に添える大根のツマを機械で作れるようにしたのは、戦前の金印わさびによる発明です。このツマのことを関西ではケンと呼びます（ツマとケンには、異なる説明もあるようですが、ここでは社史の記載に拠りました）。ツマは1本が長いのに対しケンは短いなどの違いもあって、関東式のツマ製造機をそのままケンに使うことができません。ワサビとケンは得意先が重なることもあって、1965年に大阪のケン業者から「人手不足で困っている。機械で製造できないか」と小林元次社長は頼まれました。しかし、なかなか納得のいくケンが作れません。ある日、小林社長はカミソリでヒゲをそっていて、その切れ味に「これだ」とひらめきました。これまでのケン製造機の刃をカミソリの刃とすげ替えて大根を削ると、求めていたとおりのケンが出てきました。ケン業者は重労働から解放され、おおいに感謝したそうです。ケン製造機は、金印粉わさびの販売を条件に貸し出されました。

昭和四十年代に、回転寿司の店舗が増えていきます。当時、客席にお茶の出る装置はなく、店員がやかんで注いでいました。お茶の入った湯飲みをコンベアで回して、火傷を負う事故も起きていました。「お茶の供給装置を作れないか」と金沢市の石野製作所に相談が持ち込まれます。開発にあたった石野祐次の頭の中では、数年前に手がけたラーメンたれ供給器と、銭湯で使われていたお湯の出るカランが結びつきました。レバーをプッシュしてお茶がでる給茶装置は、こうして生み出されたのです。同社の『五十年の歩み』（2010年刊）によると、さらに一定の温度に保つ工夫をし、コンベアに内蔵するなどして、回転寿司の大衆化に大きな役割を果たしたとしています。

【年末年始　筆ペンと墨】

2012年12月13日掲載

書道用品で有名な呉竹はサインペンの製造・輸出も手掛けていました。しかし、1970年代に為替が変動相場になり輸出市場から撤退しますが、培った技術を活用したいと「くれ竹筆ペン」の試作に着手しました。ペン先の材質や形状を工夫し、1973年の年末にテスト販売をしたところ、自在な筆づかいができるなど評判がよく製品化を決定します。翌年の7月、暑中見舞いの需要を四百万本以上と見込んで在庫を確保してから販売しますが、さっぱり売れませんでした。それでも、あらたまった年賀状では需要があるはずと、秋からテレビCMや実演販売など宣伝攻勢を開始し大ヒット、12月には在庫もほぼ完売しました。『株式会社呉竹創業百周年史』（2003年刊）には、くれ竹筆ペンとボディーに書かれた営業用の車にまで「どこに行けば買えますか、どの店に行っても売っていないのですが」と声を掛けられたエピソードが載っています。

エンジンの部品や工作機器などを製造する安永は、自社製品として1982年、書道家の要望に応え、自動墨摺り機の開発に着手しました。開発の初期には書道家の前で真新しい畳に墨をはねてしまった失敗もありましたが、水は点滴方式で注ぎ、静かな部屋で使うためモーターを消音する工夫をしました。完成した製品は好みの墨が使え硯のかたちも選ばない便利さやデザインも好評で、ユニークさからテレビ番組でも取り上げられ、発売1年目には400台、2年目には千台を販売するヒット商品となりました。しかし市場規模の小ささなどから販売台数は次第に減少していきます。新製品の開発は「9勝6敗の精神」を経営方針にしていると『安永50年史』(2000年刊)には書かれています。

【ヒット商品を生んだ工夫】　2013年5月22日掲載

まず、玉うどんでおなじみの『麺々たる挑戦　㈱島田屋本店小史』(1991年刊)から、1956年に販売したヒット商品「おいしる」を取り上げます。その頃の麺のつゆは、蕎麦屋でも家庭でも門外不出とする風潮があったそうです。島田屋本店では、つゆを濃縮してビンに入れて売ることを思いつきました。つゆが売れれば麺も売れます。また、うどんが売れるのは冬が中心なので、夏の人手や設備の活用にもつながります。通常とは異なる位置づけの新製品であることは営業部門にも伝わりました。普段は個別に活動している営業マンが大挙して数台の車で小売店を回り、ハタキや布巾を持って一斉に店内の掃除をはじめたのです。あっけにとられている店員の前で、専任の一人がおいしるの特色を説明していきました。店内はピカピカになって、おいしるの代金は後払いとリスクがなく、店としても気分は悪くはありません。営業マンがちゃっかり一番目立つところに並べたおいしるは、1日に二、三十本売れることもあったといいます。

次に『日本化工食品株式会社50年の歩み』(2011年刊)から。1960年に家族3名で創業した日本化工食品の開発商品第1号は「麺ゼット」。製麺の際、卵白や大豆タンパクなどを原料にした麺ゼットを小麦に混ぜると、麺が切れにくくなり、量が増え、おいしくなります。電話帳を頼りにした地道な営業で製麺所への売り上げを伸ばしていきました。1970年頃には冷やし中華ブームが訪れます。ラーメンの売り上げが減る夏の商品を考えていた日本化工食品が目をつけたのは、麺ではなく冷やし中華用のかやくのふりかけでした。小袋の中味はノリ、卵、ゴマ、紅ショウガなど。とくに卵を顆粒化するのは難しく、外注してもうまくいきません。結局、自社で500回以上も試作をして最適な調合方法を見つけました。他社が「こんなものを売っても仕方がない」と手をつけずにいた商品を、一時期の冷やし中華のパックに必ず付いていた定番品に育てました。

2013年6月26日掲載

【新しい部門への挑戦】

船舶用のポンプなどを製造する兵庫県の兵神機械工業では、1980年代後半、船舶関係の仕事の減少に対して新たな活路を求め、県内の異業種交流会に参加しました。そこで他社と共同開発したのが空き缶回収装置「かんくろう」です。マスコミにも取り上げられ、県内の公共施設や公園に導入されるなど話題を呼びました。一方、ドイツの展示会でワインの果汁などを移送するパドルポンプを見つけたのがきっかけで、食品部門にも挑戦することにしました。当時、こうした食品関係のポンプは日本にはなく、小型化するなど工夫をして、餃子・シュウマイの具などの移送装置を製造し、大手食品メーカーに採用されていきます。また、パドルポンプをアレンジして食品を詰める充填機も開発し、たこ焼きやモズクの充填では8割のシェアを持っていたと『兵神機械工業80年のあゆみ』（２００９年刊）には書かれています。

大阪府に本社があり、配管工事やプラントエンジニアリングを手掛けるアジア化工は、１９９０年代の地ビールブームに目をつけ、地ビールのプラントを納入していきます。当初は輸入品のセッティングやメンテナンスが主でしたが、売上高が伸びないので、自社で製作することにします。ビールの製造過程で一度使った樽は清浄、滅菌して再使用します。地ビール会社は、大手メーカーのように大規模な洗浄機械を使えず、手作業で樽を洗うのは重労働でした。相談を受けたアジア化工では、小型で低価格なビール樽自動洗浄装置「洗っ太郎」を開発し全国から注文を受けます。アジア化工はブームの衰退とともに地ビール事業から撤退しますが、洗っ太郎は現在も各地で稼働していると『アジア化工の50年』（２０１１年刊）に記されています。

神奈川県立川崎図書館 ペーパークラフト

はさみやカッターは、ちゅういして、つかってください。
お子さんは、かならず、おとなといっしょに、つくってください。

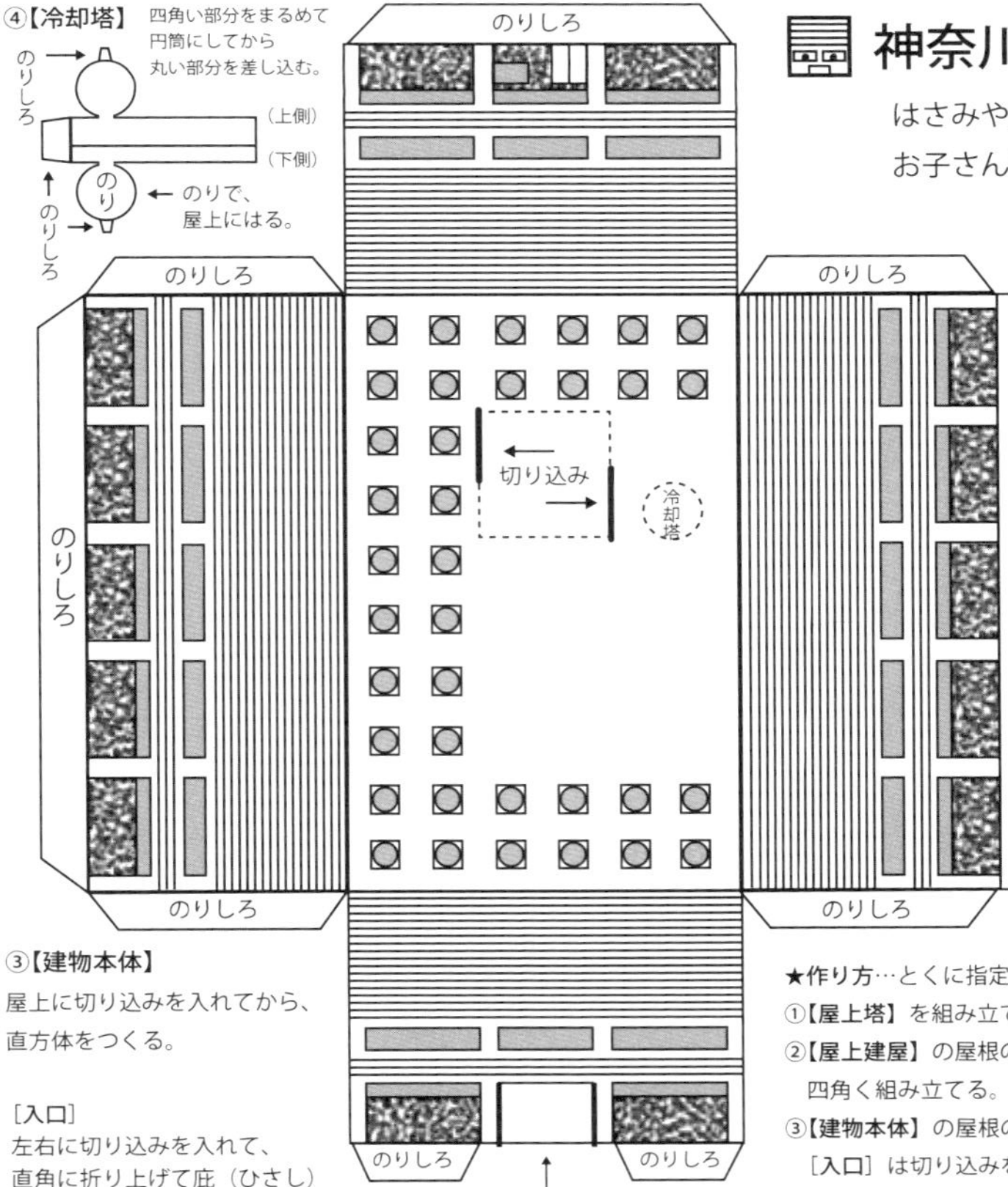

神奈川県立川崎図書館

昭和 33 年（1958）開館。雑誌『新建築』（1959.1）の巻頭を飾るなど、当時は先進的な建造物であった。騒音や大気汚染への対策として、閲覧室には大きな窓を設けず、天窓のみとした。また、当時としては珍しかった冷暖房を導入した。

現在、正面右側（西側）は、あとから建てられた教育文化会館と接合して、書庫となっている。

①【屋上塔】
四角い柱をつくる。
底面の三角は差し込む部分。

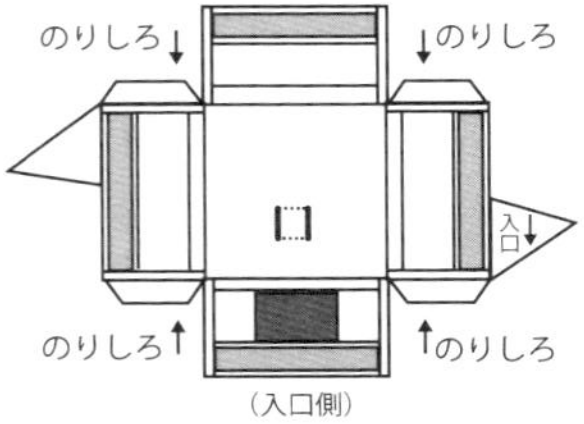

②【屋上建屋】
屋根の上の太線（二本）に切り込みを入れて、四角く組み立てる。
底面の三角は差し込む部分。

③【建物本体】
屋上に切り込みを入れてから、直方体をつくる。

［入口］
左右に切り込みを入れて、直角に折り上げて庇（ひさし）にする。

★作り方…とくに指定のある部分以外は、①②③④を外周に沿うかたちで、切り抜いてください。

①**【屋上塔】**を組み立て柱にする。

②**【屋上建屋】**の屋根の上に【屋上塔】が差し込める切り込みを入れて差し込む。
四角く組み立てる。

③**【建物本体】**の屋根の上に切り込みを入れ、【屋上建屋】を差し込む。【本体】は直方体に組み立てる。
［入口］は切り込みを入れ折り上げて庇（ひさし）にする。

④**【冷却塔】**を円柱に組み立て【本体】の屋根の上にのり付けする。

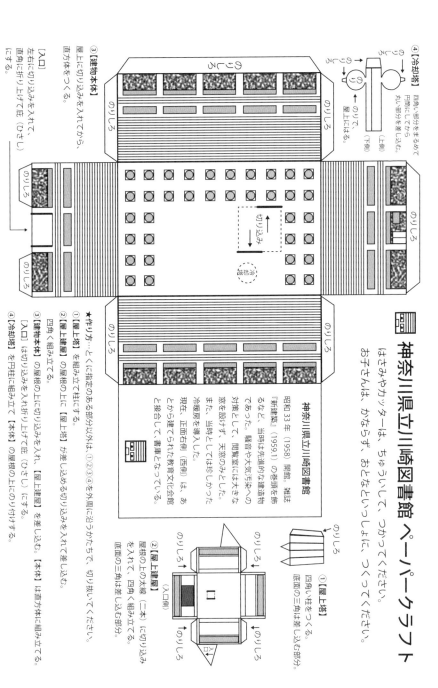

読む註

【註1】この年の6月に『図書館で調べる』（ちくまプリマー新書）を刊行しています。ほかに『図書館が教えてくれた発想法』（柏書房）なども。巻末の著者略歴を参照してください。

【註2】２０１１年11月10日に掲載した連載記事を大幅に書き直しています。森下仁丹の前社史『森下仁丹80年史』（１９７４年刊）では、ビスマルクがもとになったという説を採用していました。新たに判明した事柄や解釈に拠って、社史の記載が修正されることもあります。

【註3】いくつかの社史の太平洋戦争時の記述を収録した『社史に見る太平洋戦争』（井上ひさし編、新潮社、１９９５年刊）や、創業時の経緯をまとめた『カイシャ意外史』（村橋勝子著、日本経済新聞出版社、２００８年刊）などは刊行されています。

例にした、東京タワーの場合、建設を手がけた会社、放送局などはもちろんですが、目立たない機材、小さな部品を納めた会社も、そのことを栄誉や快挙としてページを割いています。最近刊行された社史をみると、東京スカイツリーで同様の記載を、よく目にします。

【註4】以下は、文中に記した社史の内容を、抜粋・要約して書いたものです。大きな間違いはないと思いますが、調査などに用いる場合は、社史の現物を見るなどの確認をしてください。本書の他の箇所も同様です。

「これは社史？」

　ここで書くことは、学問的な「社史」の定義付けではありません。あくまで、神奈川県立川崎図書館の社史室にある社史とは何かということです。

　たとえば、世界的にも有名なA自動車という、自動車メーカーがあったと仮定します。『A自動車50年史』という本を、A自動車が編纂し、A自動車が刊行したとします。これは無条件に社史でしょう。ここを基準点とします。

　『A自動車、50年の激闘』という本を、経済評論家が書き、市販の本としてK書房から刊行したとします。これは社史ではないと思います。

　『A自動車、50年の激闘』という本を、「A自動車全面監修」のもと、市販の本としてK書房から刊行したとします。この場合、A自動車自身が関与し、責任も生じるだろうから「社史かなあ、うーむ」と迷うことになります。

K書房が刊行する「日本の企業史」というシリーズがあって、その1冊が『A自動車の歴史』だったとします。A自動車が協力しているのであれば、社史とする考慮の余地はあるかもしれません。だとすると、同じシリーズの『B電機の歴史』や『C銀行の歴史』など、全て社史にしなくては変かも、という問題が生じます。

『A自動車の全車種　50年のすべて』など、企業全体の歴史ではなく、商品等にスポットをあてた市販の本もあるでしょう。自動車に限らず、鉄道、食品などのメーカーにも多そうです。もちろん企業の協力なしには出来ない本だと思います。ただ、「社史か」といわれると、迷うものもありそうです。

A自動車ミュージアムという企業博物館があって、特別展「A自動車　50年の歴史」という図録を出したとします。社史でもいいのかもしれません。しかし、その企業博物館での特別展では、毎回、なにがしかのA自動車の歴史を扱っているとすれば、すべての図録が社史なのか、と難しくなっていきます。

A自動車が『50年の記憶』という写真集を刊行したとします。「あとがき」を見ると「社史といえるものではなく、記念誌ですが」という一文が入っていたとします。社内での位置付けはともかく、神奈川県立川崎図書館では社史のコレクションになるでしょう。

A自動車が営業用や採用関係で『A自動車50年の歩み』という30ページくらいの冊子を

作ったとします。社史としていいのですが、20ページなら、10ページなら、パンフレットなら、と考えていくと、ややこしくなっていきます。A自動車の社内報で「○○工場の30年」という特集記事が組まれ、それを寄贈していただいたら、迷うけれど、社史かなあ。『A自動車　東日本大震災の対応』はどうでしょう。『A自動車　東日本大震災発生直後の対応』なら、社史にしなくてもいいような気はしますが、『A自動車　東日本大震災の発生から復興までの五年史』だと社史にしたくなるかもしれません。

A自動車の創業者・A山会長が自叙伝的に『A自動車の50年』という書名の本を刊行したとします。神奈川県立川崎図書館には実業家の伝記というコーナーもあるので、社史か伝記かで迷います。内容や、A自動車からの刊行か出版社からの刊行かで、社史にするかどうかの印象は異なりそうです。

例示をしていくとキリがないのですが、結論としては、その本の現物を見ないとわからないし、そこに担当者の判断が加わります。おおまかな指針くらいならさておき、厳密な基準は作れないと思います。

ある大企業の役員経験者が、社史室でその企業の社史が並んでいる棚をご覧になり、同社の歴史を書いた市販の本が並んでいるのを見て「これは社史ではないよ」と指摘をされたことがあります。

今、社史室の書架に、これまであげてきたような「迷う社史」は、それほど多く並んでいません。書架に本が収まりきらなくなると、あいまいなものから書庫に入れているためです。よって、書庫の棚には、あいまいなものがけっこう並んでいます。

あいまいなものを社史コレクションから除外してもよいのですが、社史として寄贈依頼をした、社史として過去の目録に掲載されている、統計の数値が変わるなど、現場ならではの課題が出てきます。

社史とするかどうかは、寄贈や受け入れの担当者が決めているのですが、社史室の担当者として、意見を求められることもあります。私はどちらかというと社史の基準を厳しく判断しています。

収集の対象から外れている業種もあります。例えば、プロ野球やJリーグの球団史、プロレス団体の年史などは、会社がオフィシャルなものとしているのであれば社史とみなしてよいと思います。ただ、現在の社史室では、積極的に収集していません。社史室や書庫のスペースが限られているという事情もあります。病院や学校の年史は、そもそも収集対象外です。○○市営バスの年史は自治体（交通局など）の機関なので社史に含めていませんが、民営化後に刊行されたものは社史になるでしょう。

なお、1章で触れたとおり、神奈川県立川崎図書館の社史コレクションは、会社の歴史だけではなく、経済団体史や労働組合史を含んだ「社史類」です。社史をコレクションしている各図書館で、社史の対象はいくらか違っていると思います。

最近、所蔵図書の目録を冊子で刊行する図書館はほとんどありませんが、やや古いものでも冊子の「社史目録」があれば、その目録に掲載されている社史の対象が「凡例」などに記されています。

3章 川崎と大阪で「社史グランプリ」開催

（1）投票前

2011年の秋、大阪府立中之島図書館から電話をいただきました。大阪府立中之島図書館も特徴のある図書館で、ビジネス支援サービスや大阪関係の郷土資料の収集などに力を入れていることで知られています。

電話の相手はビジネス支援課（当時）の安達明子さん。「社史のイベントを一緒にやりたい」というものでした。他の図書館、しかも遠距離の図書館と一緒にイベントをする経験はなかったので、「ん？」という感じでした。

話は次のような内容だったと記憶しています。

安達さんは、大阪府立中之島図書館のビジネス資料室のカウンターにいるとき、上司から「神奈川県立川崎図書館で企業キャラクターの展示をやっている」と聞いて興味を持ち、プライベートで「社史にみる企業キャラクター」の展示を見に来たそうです。それに触発され「社史を活用したイベントを大阪府立中之島図書館でもやってみたい」と考えました。

安達さんが上司に相談したところ、「社史といえば、やはり神奈川県立川崎図書館なので、共催するかたちにしては」とアドバイスされたそうです。

毎年秋に、横浜市内で図書館総合展という催事があります。安達さんは、そちらに来訪するというので、神奈川県立川崎図書館に寄って相談したいということでした。

どんな風になるのかわかりませんが面白そうだと思いました。前例のないことには慎重になるのが世の常ですが、当時の上司も楽しげなことが好きな方だったので、前向きに受け止めてくれました。

11月に安達さんが来館しました。（私より）お若いのに頑張っていますね、という第一印象でした。安達さんは、2012年5月頃の開催とし、近年の社史を対象に投票をしてみたいなど、大枠のプランをすでに練っていました。安達さんは社史の担当になって「こんなに魅力的な社史をもっと利用してほしい。そしてご寄贈いただいた企業に何かフィードバックしたい。何か方法はないだろうか」と考えていたそうです【註1】。

共催の提案に応じることとし、担当同士で相談しながら進めていきましょう、となりました。その時点では、まだ半年以降も先なので、ばたばたと準備に取りかかるという感じではなかったです。くわえて私は、きっちりとスケジュールを立てて進めていくタイプではありません。

安達さんから、大阪府立中之島図書館ではこのイベントの開催に際して、大日本印刷（DNP）に協力してもらうことを予定していると聞きました。

神奈川県立川崎図書館でも大日本印刷に協力してもらおうと、東京のご担当者の土屋暁さんにお目にかかり、イベントの期間中に、社史の楽しさを一般向けに解説する講演会の講師を引き受けていただきました【註2】。また、イベントへのアドバイス、社史収集への協力などもお願いしました。

土屋さんは、しばしば社史室を利用しているし、社史を刊行した企業に対しては、神奈川県立川崎図書館をはじめ社史をコレクションしている図書館への寄贈を薦めてくださっていたそうです。とてもありがたく感じました。

今回のイベントのチラシやポスターに「協力：大日本印刷株式会社」と入っているのには、こうした経緯があります。

ところで、社史と大日本印刷、と聞くと、社史を印刷しているのかな、と思う方が多いかもしれません。もちろん印刷もしているでしょうが、この場合は、社史編纂の協力という業務です。普通、企業で社史を刊行することが決まっても、どのように作業を進めていったらいいのか、ノウハウがありません【註3】。そこで、社史編纂を協力してくれる企業等にサポートを依頼するわけです。この本では、社史編纂協力会社と呼ぶことにします。

社史編纂協力会社には、

・大日本印刷や凸版印刷をはじめ、大小の印刷会社系。

・さまざまな出版社系。大手の出版社から地域の出版社まで。出版社の自費出版の部門が対応することも多いようです。社史編纂を主要な事業としている出版文化社のような企業もあります。

・全国紙・地域紙・経済紙・業界紙など、各種の新聞社系。おもに出版部門が担当するようです。

・ほかにも編纂業務を扱う小規模な事務所や、デザイン会社などが社史編纂をサポートすることもあります。会社というわけではありませんが、一般財団法人日本経営史研究所などの団体も、社史の編纂協力を事業としています。

もちろん、社史編纂協力会社のサポートなく、社史を作っている企業もあります。

社史編纂協力会社は、あくまで裏方として編纂をサポートしているので、社史の奥付に明示されているとは限りません。ただ「あとがき」で感謝の言葉とともに触れられていたり、スタッフの一覧に社内の編纂チームに続けて小さく記載されていたりするので、たいてい、どの会社が関わっていたのかはわかります。

こうした社史編纂協力会社の業務について、私も同僚も、この頃まで、ほとんど知りませんでした。全国屈指の社史のコレクションを売りにしている図書館でもそのレベルですから、多くの図書館や社史とは縁のない方には、さらに馴染みが薄いでしょう。

現在の神奈川県立川崎図書館の一部では、「この社史、編纂協力会社はどこだろう」や「編纂協力会社さんが、社史の寄贈に協力してくださいました」などの会話を普通に耳にします。そこに、この本で述べていく社史をめぐる取り組みの成果や浸透を感じることもあります。

話は脱線しましたが、私と安達さんは、12月頃からメールや電話などでやりとりをしながら、具体的にどんな内容のイベントにするのかを詰めていきました。

私は当初、何となく社史の投票には、気が進まなかったのです。なぜかといえば、社史に優劣をつけたくなかったからです。ただ、対案があったわけではないし、それ以上に大阪府立中之島図書館と一緒に投票のイベントをしたら、どんな感じになるのか、という好奇心が上回っていました。

「投票形式をとりますが、順位付けを主目的としたものではなく、社史という資料を多くの皆様に知っていただく趣旨のイベントです。」といった内容の文言は、企画の書類、広報物、投票会場の掲示物などに、しつこいくらい書いておきました。

神奈川県立川崎図書館 初の社史投票イベント！
講演会・展示も同時開催！

みんなで選ぶ社史グランプリ
東西図書館投票

この社史
いいじゃん

since1958

神奈川県立川崎図書館
科学技術と産業関係の資料を扱っている。
約1万5千冊の社史は全国屈指のコレクション。

大阪府立中之島図書館
ビジネス支援や大阪資料・古典籍に力を入れている。
建物は国指定重要文化財。

since1904

あの社史
ええねん

投票期間は 5 月 11 日（金）から 6 月 13 日（水）まで。
2010 年以降に刊行された特色ある社史を５つの部門に分けてノミネートしました。
神奈川県立川崎図書館・大阪府立中之島図書館の館内にて、開館時間に社史をご覧いただきながら投票できます。
6 月 16 日（土）に両館の館内およびホームページで各部門 1 位の社史を発表します。

【美味しさを求めて部門】「アサヒビールの 120 年」「江戸清 115 年のあゆみ」「帝国ホテルの 120 年」「創造一路 フジッコ 50 年のあゆみ」
【線路はつづくよ部門】「江ノ電ぶらり旅」「京阪百年のあゆみ」「近畿車輛のあゆみ」「近畿日本鉄道 100 年のあゆみ」「30 年のあゆみ　日本地下鉄協会設立 30 周年記念誌」「飛翔 森尾電機 100 年史」
【ぴったり百年史部門】「窓を開け世界に 内田洋行 100 年史」「王子製紙苫小牧工場創業 100 年のあゆみ」「静岡ガス一〇〇年史」「サノヤス・ヒシノ明昌 100 年史」「日本水産百年史」「松坂屋百年史」
【暮らしを支える部門】「塩野香料株式会社 200 年の歩み」「積水ハウス 50 年史」「ダイニック 90 年史」「開拓者たちの挑戦 日立 100 年のあゆみ」「Dream1998-2010：本田技術研究所」「MUJI 無印良品：良品計画」
【文化を伝えて部門】「挑戦の 50 年 広研印刷 50 年史」「東京書籍百年史」「おつかれさま！：第一印刷」「読書の愉しさを贈りつづけて：日本図書普及株式会社」「メディックメディア 30 年の軌跡」

…（予定）

主催：神奈川県立川崎図書館・大阪府立中之島図書館
協力：大日本印刷株式会社

■神奈川県立川崎図書館での関連イベント

展示
5月11日から7月11日まで、**味の素株式会社**、**日清食品株式会社**の社史と、会社の歴史にまつわる品物や新旧の商品などを展示します。
6月15日からは**株式会社内田洋行**の社史と関連する品物も展示します。

講演
6月16日（土）社史 千夜一夜物語～多くの社史編纂に携わって
6月23日（土）「日本水産百年史」ができるまで
7月 6日（金）「内田洋行百年史」ができるまで

社史グランプリの川崎版ポスター。デザインは私で、大阪版もほぼ同じレイアウトです。
大阪版のほうが、ほんの少し出来がよかったと思います。

関東と関西の離れた2つの公共図書館だけで投票をするというイベントは、断言はできないものの、社史に限らず、前例はないと思います【註4】。

安達さんによると、東西対決とすると盛り上がるということなので、神奈川県立川崎図書館と大阪府立中之島図書館での投票数も競うことにしました。


まず、イベントの名称を決めないと気分が出ないし仕事も進めにくいので、私の方でいくつか案を作って、大阪府立中之島図書館で選んでもらい、「みんなで選ぶ社史グランプリ～東西図書館投票～」に決まりました【註5】。

時期は、両館の会場の都合から、投票開始は5月11日、投票終了は6月13日とし、それぞれの図書館で同じ社史を並べて投票してもらい、結果を集計して6月16日に同時発表することにしました。

つぎに、もっとも肝心な点ですが、どの社史を投票の対象とするのかを、決めていくことになります。最近の社史がいいだろうと、2010年以降に刊行されたものを対象にしました【註6】。お互いの図書館で所蔵している2010年以降に刊行された社史をリストアップして、投票の対象とする社史を選んでいきます。

どちらかの図書館でしか所蔵していないものがあれば、寄贈依頼をしていきました。けっこう大きな企業の社史なのに入手していなかったものもあり、この情報共有はありがたかったです。

ある企業に電話をして、「大阪府立中之島図書館と共同でイベントをするので、どうしても同じ社史を揃えたいのですが、ご寄贈していただけないでしょうか」「部数がないのですが……（本気で悩んでいる様子が伝わってきます）……。いいです。わかりました。寄贈しましょう」とやり取りをしたことを記憶しています。ただし、両館で投票までに同じものを入手できずに、候補から外した社史も少数ですがありました。

安達さんとは「この社史、こういうところがいいね」などと相談しながら、ビジュアルなもの、ボリュームのあるもの、読みやすいものなど特色のある社史を選んでいきました。地域性なども考慮しながら、約30点の社史を選び、それらをグルーピングして、

「美味しさを求めて部門」（食品関係）
「線路はつづくよ部門」（鉄道関係）
「文化を伝えて部門」（出版・印刷関係）
「ぴったり百年史部門」（業種は問わず百年史）
「暮らしを支える部門」（わりと幅広く。右以外の企業といえないこともない）

の5部門に分けました。

各部門、ほぼ6社ずつの社史を候補としました。

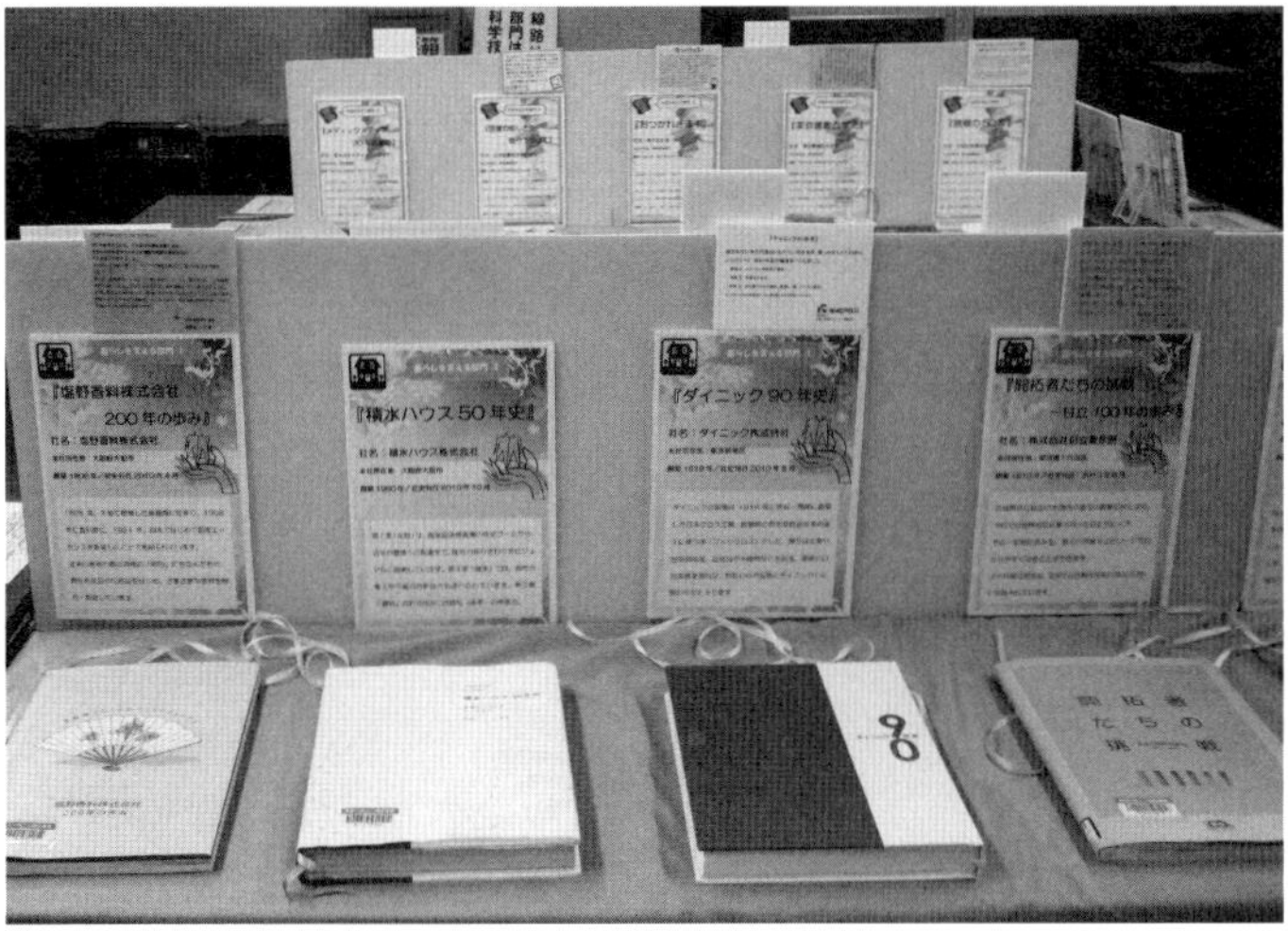

神奈川県立川崎図書館での投票中の社史（手前下から社史、パネル、コメントと並べました）。

候補となった社史を刊行した企業には、ノミネートの連絡をしていきました。東日本の企業は神奈川県立川崎図書館、西日本の企業は大阪府立中之島図書館が担当しました。

多くの企業は好意的に受け止めてくれましたが、ノミネートを辞退したいという返信もいくつかの企業からありました。もともと投票などを想定して刊行したものではない、反響があっても対応できない、社員や関係者を主な対象としている、など理由はさまざまでした。辞退はあまり想定していませんでしたが、その気持ちは理解できました。多少の調整をして、最終的には27社となりました【註7】。

ノミネートの連絡の封書には、編纂にあたってのコンセプトや想いを知りたかったので、「社史のおすすめポイントや編纂にまつわるエピソードなどを、簡単でかまいませんので、ご記入いただけないでしょうか」と、葉書きサイズのカードを添えて送りました【註8】。

コメントは、すべての企業ではありませんが、17社が返送してくださいました。いずれも「こういう想いで編纂されたのか」という気持ちが伝わってくるメッセージでした。文面もさることながら、ロゴやキャラクターを入れたものもあり、工夫が感じられました（67ページ参照）。

カードはスキャナで読み込んで複製し、両館で社史と一緒に掲示しました。

投票に際して、ただ社史を並べておいてもパッと見ただけでは、どんな会社なのか、どんな社史なのかは、すぐにわかりません。1冊ごとに社史を解説したA4サイズのパネルを作って、会社の概要や社史の特徴などを数行にまとめておきました。こういう作業は好きだし、27社分くらいならわけもないので「やります」と引き受けました。安達さんから、全部書いていいといわれて喜んだくらいです【註9】。ただ、私はずさんなところも多く、安達さんが細かく校正してくれたので助かりました。

パネルの文面は、たとえば、以下のような感じです。

『世紀を超えて　江戸清115年のあゆみ』

社名：株式会社江戸清　本社所在地：神奈川県横浜市

創業1894年／社史刊行2010年5月

横浜・中華街で人気の江戸清のブタまん。食肉に抵抗がある日本人も多かった1894年、千葉の大名主の家に生まれた高橋清七が横浜で豚肉の販売を始めたのが江戸清のはじまりです。一世紀を超える歴史を、時代背景とともに振り返ります。

『王子製紙苫小牧工場創業100年のあゆみ』

社名：王子製紙株式会社（苫小牧工場）　工場所在地：北海道苫小牧市

操業開始1910年／社史刊行2010年9月

工場創設に際しての「スエズ以東にかかる大工場なく、日本製紙界に一大改革を起こす」の文字がインパクトある表紙です。地元・北海道との関わりや製紙技術の変遷にも力を入れた内容。製紙会社の社史だけに紙の手ざわりにもこだわりを感じます。

『静岡ガス100年史』

社名：静岡ガス株式会社　本社所在地：静岡県静岡市

創業1910年／社史刊行2010年12月
静岡県でガス事業を百年続けてきた静岡ガスの社史。LNGタンクの内部の表紙写真が印象的です。別冊『静岡ガス物語セレクト17』では、経営や事故対応、軟式野球部の活躍から社内文化まで、一世紀の歴史から　17の物語を紹介しています。

パネルのデザインを、両館で別々に行うのは手間が増えるだけなので、神奈川県立川崎図書館で作成したものを、大阪府立中之島図書館でも使ってもらうことにしました。

また、5章で取り上げる「社楽」という刊行物の4号（2012年5月）にも、パネルと同じ文章をリストにして掲載したので、大阪府立中之島図書館でも配布してもらうことにしました。（「社楽」は、神奈川県立川崎図書館のホームページで閲覧可能です。以下、同）

ポスターやチラシの作成は私の趣味みたいなところもあるので、大阪府立中之島図書館の分もデザインしました。

いつも手作りのイベントをしている科学情報課のスタッフや私は、この手の作業に慣れているのです。

投票は部門ごとに票を入れ、全体でもっとも票を集めた社史をグランプリとすることにしました。

～ 江ノ電ぶらり旅 ～

湘南地域をガタゴト走る「江ノ電」を、３３のコラムで歴史と沿線をご紹介する書籍です。なにより江ノ電のイメージを大事にし、写真の１枚１枚にもこだわって作成しました。

当社ＯＢの方や沿線に在住する「江ノ電ファン」の皆さまから過去 100 年分のお写真をお借りし、付録として平成 22 年に、全線開通 100 周年を記念して作成された「好きです江ノ電」のＣＤをお付けしました。

ぜひ手に取ってご覧ください。

江ノ島電鉄（株）

『江ノ電ぶらり旅』に関していただいたコメントのカードです。キャラクターは「えのん」といいます。

「会社のマイナス面のことも、事実として書こう」と決め、事故のことや事業の失敗のことも書きました。また地域性の強い会社柄ですので、郷土の歴史についても平行して書きました。特に明治・大正については足を使って調べました。創業時の新事実が分かってきた時には大変うれしかったです。

社史には「事実を網羅する」という役目がありますが、そこを追及すると資料的になり、読んでもらえなくなります。“まず読んでもらわなくては意味がない”と編集に当たり思いました。

史実に「解釈」を加えてゆくと、「物語」に近づきますが、社史本編でこれをやると客観性がなくなります。そこで、編纂室では「２冊にしよう」と決めました。

別冊「静岡ガス物語」は“電車の中でも読める”ようにコンパクトでソフトな作りにしました。最初は１０項目の予定が完成時には１７項目になるなど、チカラが入りました。

静岡ガス株式会社　広報・地域連携　Ｙ．Ｍ

SHIZGAS
静岡ガスグループ

『静岡ガス100年史』に関していただいたコメントのカードです。

投票用紙は大阪府立中之島図書館に作ってもらいました。

投票用紙には、大阪府立中之島図書館からの提案で「ほめポイント」という欄を設けて、投票した社史のどこがよかったかを記入できるようにしました。

安達さんは社史グランプリを「三方よし」のイベントにしたいという考えを一貫して持っていました。「三方よし」とは近江商人の理念です。「売り手よし、買い手よし、世間よし」と、売った商人は得をし、買った客も満足し、その売買を通じて世の中にも貢献できる、というものです。

当時、安達さんは「図書館は社史収集につながり、社史編纂協力会社などの役にも立ち、社史の寄贈をしてくれた企業には反応を伝えてフィードバックしたい」といっていた記憶があります。このフィードバックの手段として「ほめポイント」の記入欄が設けられました【註10】。

正直、私は、そこまで深く考えていませんでした。「神奈川県立川崎図書館は社史コレクションの存在をアピールする機会になるし、寄贈も増えるかもしれない。世間は最近の社史がどんなものかを知ることができるし、社史への興味につながるだろう」といった程度でしょうか。きれいに「三方よし」に収まりませんね。

さて、ここからは神奈川県立川崎図書館の内部の事情です。

まず1カ月間も使える投票場所は施設的に「社史にみる企業キャラクター」と同じく、2階の展示スペースしかありません。しかし、ここは人が常駐している場所ではなく、通路のようなところです。社史を置いておくと、無断持ち出し等の可能性がないとはいえません。いちおう、ヒモでくくってはおきましたが、リスクはあったと思います【註11】。会期中、何事もなく終わりましたが、もし紛失があったら、そのまま投票を続けてよいのかも含め、せっかくのイベントに水をさされたと思います。

投票会場は2階の展示スペースだけでは収まりきらなかったので、線路はつづくよ部門だけは3階の入り口近くのスペースを利用することにしました。

投票会場となる2階の展示スペースには展示用のケースがあります。中に何か入れておかないと寂しいので、2008年刊行の『日清食品50年史』と、2009年刊行の『味の素グループの百年』を中心に展示をすることにしました。

日清食品は、横浜にカップヌードルミュージアムを2011年にオープンしたばかりで、神奈川県の新しい観光スポットとして話題になっていました【註12】。味の素は、1914年から現在まで川崎市に主力工場があり、所在する川崎区の鈴木町は創業者の鈴木三郎助（二代目）に由来しています。日清食品と味の素から会社の歴史にちなんだ品物の借用をお願いして、社史とあわせて展示することにしました。昔の写真や広告、パネル、海外で販売している製品、企業のグッズなどです。また、このご縁がきっかけで、のちに社史の講演も引き受けていただけることになります。

（2）投票中&投票後

5月11日、投票がはじまりました。

投票イベントのいいところは、社史をめくる機会になることです。

私は、この点を重要視していました。

各部門の投票用紙を手にとって、数冊の社史のいずれかに○印をつけるのですが、アサヒビールが好きだからといって、社史を見もせずに『アサヒビールの120年』に○印をつけることは、まずないでしょう。目の前に社史が並んでいるので、全部または数冊をぱらぱらとでもめくってから、○印をつけるのが自然な行為です。

社史を手にする機会はあまりないので、めくりながら「ふうん、社史って、こういうものなんだ」と感じられれば、それだけでこのイベントの意義はあると感じていました。イベントを目的に来館した方だけでなく、神奈川県立川崎図書館の投票会場は通りがかりに立ち寄りやすい場所なので、それまで社史に関心のなかった来館者にも、社史を手にするきっかけになったと思います。

並んでいるのは、私と安達さんが、ああだこうだいいながらセレクトした社史です。詳細に記録している、デザインがすぐれている、面白いコーナーが載っている……など、社史の多彩さが伝わりやすかったはずです。

神奈川県立川崎図書館での投票の様子【註13】

投票を開始して日が過ぎていきます。メディアからの取材は、数多く受けていました。おもに地域版ですが、ほぼ全ての新聞各紙に掲載されました。図書館員の勤務日は不規則なので、私がいない時の「誰でもできる取材対応マニュアル」を用意しておいたくらいです【註14】。当時、AKBの投票などが話題になっていたことも追い風だったかもしれません。大阪府立中之島図書館では、テレビやラジオの取材も受けたそうです。

ただ、こうしてメディアで紹介されているわりには、それほど多くの来場があるというわけでもなく、投票数はほどほどに増えている程度で、平穏に日々が過ぎていきます。なんとなく寂しかったので、投票会場で社史を見ている方に、社史の見どころなどを丁寧に説明していたこともありました。

両館の投票数を中間報告すると、いつも大阪府立中之島図書館のほうが多いので、「中間報告は今回でやめて最終発表のみにしましょう」としたくらいです【註15】。

ところが、最後の5日くらい、どういうわけか、来場者が激増しました。

せまい空間に、投票用紙を手にした多くの方が立ち止まり、熱心に社史を見ていたので、驚いたくらいです。その期間はさすがに、ほとんど会場にいて来場者の対応をしていました。大半は社史の作成を考えている企業の方のように見受けられました。

突然の来館者の増加について「数日前に新聞に載ったからでは」という同僚の見方もありましたが、それまでにも新聞には幾度も掲載されています。私の分析では、終わる前に見ておきたいという、かけこみ的な来場が多かったように感じました。最後に、かなりの票数が集まり、結果、神奈川県立川崎図書館は４４４票、大阪府立中之島図書館は３０７票、合計で７５１票となりました。

6月13日に投票を締め切り、それぞれの社史に投票された票数を数え、両館で集計しました。大阪府立中之島図書館での各部門の票数の内訳は、このときはじめて知りました。集計しつつ安達さんと「妥当ですね」「え、そうなったか。意外」などと電話で話していました。

あわただしく、投票バージョンから結果発表バージョンに展示会場のレイアウトを変更し、6月16日に、両館の館内とホームページで同時に発表しました。

神奈川県立川崎図書館では、次の展示がはじまるまでの約1カ月、各部門で1位だった社史を並べ、投票用紙に記入された「ほめポイント」の一部を吹き出し風のPOP用紙に記入して掲示しました。また、日清食品、味の素に加えて、内田洋行の社史と会社の歴史にまつわる品々を借用して展示しました。

なお、そもそも票数を競うことが主目的ではないので、発表したのは、両館を合計した各部門の1位、それぞれの図書館でもっとも票を獲得した社史、そして、両館を合計して最も票が集まった「グランプリ」です。各社史が獲得した票数や、各部門の1位以外の社史の順位については、外部に公表していません。

グランプリに選ばれた『アサヒビールの120年』に対して、神奈川県立川崎図書館に寄せられた「ほめポイント」をいくつか例示します。

「写真を多用して見やすくまとまっているだけではなく、120年の歴史をきちんと編集している。」

「文字だけでなく所々にビジュアル的な見せ方で変化をつけている。見せるための社史という感じがする。」

「ビール業界の象徴とされているアサヒビールはどんな苦労をし、どんな感動があったかわかる本。」

「ビール以外の事業案内（紹介）も充実していておもしろかったです。」

「表紙がカラフルできれい。個人的に好き。」

などです【註16】。


なお、神奈川県立川崎図書館に限った投票で、もっとも多くの票を獲得したのは、『アサヒビールの120年』ではなく、本田技研工業の研究・開発機関である本田技術研究所の『Dream 1998-2010』でした。技術系に関心のある来館者の多い神奈川県立川崎図書館の性格も影響しているようにも思えます。「ほめポイント」では、

「巻頭の写真とメッセージが印象的で心に響きました。」

「厚い本ですが、じっくり読みたくなります。たくさんのプロジェクトXがあるのですね。」

「商品開発、技術開発について、やった人にしか書けない内容だと思える。」

などの記入がありました。


投票用紙に記載された「ほめポイント」は、両館で集約し、各企業へのお礼状にて報告しました（ここにも投票数や各部門の1位以外の順位は書いていません）。

個人的には、社史を「格好いい」と評しているコメントが多くて面白かったです。「社楽」5号（2

投票結果発表中（左が『アサヒビールの120年』、右が『Dream 1998-2010』）

012年6月）でも紹介しています。

　結果発表後、とくに表彰式を行う予定はなかったのですが、予想以上に話題になったので、こちらから大阪府立中之島図書館にお願いして、両館の館長名での表彰状を作成し、神奈川県立川崎図書館の館長から、アサヒグループホールディングス株式会社の資料室長に授与することにしました。

　急遽、設けた授賞式の会場（展示スペースの一角）には『アサヒビールの１２０年』のサブタイトルで同社のブランドステートメントでもある「その感動を、わかちあう。」の文字を掲示しました。２つの図書館で開催したイベントであることを含めて、ぴったりのフレーズでした【註17】。

　せっかく表彰式を開催するのに、どこからも取材がなかったら、ちょっと寂しいなと心配していましたが、そろそろ表彰式を行おうかという間際でカメラを手に階段を昇ってきた新聞の記者さんがいらして嬉しかったことを憶えています（2紙が記事にしてくれました）。

投票イベントをするのは、はじめての経験でしたが、「告知」「結果発表」「表彰式」と3回も広報のチャンスがあるメリットを知りました。

グランプリの『アサヒビールの120年』を見たいと来館される方は、今でも時々いらっしゃいます。

投票後、「線路はつづくよ」部門で『江ノ電ぶらり旅』が1位となったことが「江ノ電沿線新聞」（441号）で取りあげられたりもしました。その他、社内報などで紹介してくださったという企業の声も何件か届いています。

ノミネートをした社史の担当者が訪問してくださって、直接、社史にこめた想いをうかがったこともありました。

社史グランプリというイベント自体についても多くの好意的な意見をいただきました。神奈川県立川崎図書館で行ったアンケートでは、

「自分の関係している会社、業種しか知らなかったので、これから社史を通して異業種のことも知り

たい。」

「会社の歴史を知ることで、その会社の製品やサービスにも愛着を感じるようになる。」

「入賞した社史をじっくり読んでみたい。」

などの声をいただきました。


私は、社史グランプリを通して、神奈川県立川崎図書館の社史コレクションの認知度をあげ、広く社史の魅力を伝えたいというところに力点をおいていました。

一方、安達さんは、ビジネス支援、とくに、社史を作成している企業や社史を寄贈してくれた企業に対して役に立つことに、力点をおいているように感じました。

それぞれの図書館の特色の違いや、ビジネス街の中心にある大阪府立中之島図書館との立地の差があらわれているようで、面白く感じました【註18】。

この時点で、私は安達さんほど、社史を作成している企業のニーズを汲み取れていなかったのですが、のちの章で書くように、以後、大きく展開していくようになります。

（1）

【註1】 日本図書館協会が刊行している『図書館雑誌』２０１３年2月号の「みんなで選ぶ社史グランプリ～東西図書館投票～」という記事より引用しました。執筆は、安達明子（大阪府立中之島図書館）、小池貴子（神奈川県立川崎図書館）。なぜ、私が書いていないのかというと、この年の秋は、神奈川新聞への連載など文章を書く仕事が多かったので小池さんにお願いしました。同僚に執筆の機会を与えたいという気持ちも多少はありました。

【註2】 6月16日「社史千夜一夜物語～多くの社史編纂に携わって～」という講演です。神奈川県立川崎図書館では、この講演前に投票結果の発表をしました。私がウクレレをジャカジャカやりながら「それではグランプリの発表です」と社史の表紙の写真をスクリーンに投影していました。そのまま私も土屋さんの講演を聴講する予定でしたが、週刊誌のグラビアページで社史室を紹介したいという急な取材対応のため、残念ながら聴講を断念。しかも、けっきょく掲載してもらえなかったという落ちがありました。

【註3】 社史刊行は数十年に一度の作業なので、過去のノウハウが継承されにくい事業です。過去の年史を作った経緯すらわからなくなることもあるので、二、三十年くらいに一度は、刊行したほうがよいと聞きます。

【註4】 優れた社史を評価する機会としては、一般財団法人日本経営史研究所が、隔年発表している「優秀会社史賞」があります。選考委員は経済学部の大学教授などで、親しみやすいとかユニークなものではなく、会社の歴史を詳細に記録した重厚な社史が受賞する傾向にあるようです。

【註5】 案の中には、神奈川県も大阪府も高校野球

の強豪校が多いので、「甲子園」という文句を使ったものもあったと思います。私も安達さんも、名称自体にあまりこだわりはありませんでした

【註6】 仮に、過去5年間などとすると、2008年8月刊行の『日清食品50年史』が対象に含まれます。この社史は、チキンラーメンを模したユニークな装丁で、随所に工夫がこらされています（81ページ参照）。投票前から『日清食品50年史』が圧倒的な第1位になるだろう。殿堂入りのレベルだから投票の対象には含めたくないな、などと考えていた記憶があります。

【註7】 辞退によって、各部門のエントリー数は4社から6社と、ばらつきが出てしまいました。部門ごとの投票なので、4社しかない部門のほうが、票が集まりやすくなるので不公平なのですが、代替の社史を準備する時間はなかったし、そもそも票の数を競うことが主目的ではないので、「仕方がないね」ということにしました。

【註8】 無印良品（良品計画）の社史をエントリーしていたので、無印良品のポストカードを買って同封しました。

なお、大阪府立中之島図書館が作成した企業宛ての文書には、昨年同時期の入館者数という数値が記載され、どの程度の効果のあるものなのかイメージしやすい工夫がされていたと記憶しています。他館のノウハウを得られるという点で神奈川県立川崎図書館にとってもメリットのある催事でした。

【註9】 この手の作業は、本の要点をつかむという点で、司書の能力の鍛錬になります。もし自分が後輩を育てる立場だったら、どんどん書くように指示していたと思います。

【註10】 そもそも「ほめ」だから、批判的な記述はないはずなので、主催者的にも気楽でした。

【註11】 ヒモといっても、見栄えがいいように細いリボンを使うことにしました。たかがヒモなので、自腹で買ってもたいしたことはないだろうと、大手の手芸店にいったら、けっこうな値段がしたので痛い出費となりました。

【註12】 カップヌードルミュージアムの設立に携わ

り初代館長に就任されたのが、『日清食品50年史』社史編纂プロジェクト代表の筒井之隆さんです。

（2）

【註13】 写っているのは当時の当館のスタッフです。記録用の写真には人が写っているもの残しておくと、後日の広報等で役に立つことがあります。

【註14】 その「誰でもできる取材対応マニュアル」が残っていたので見てみると、企画のコンセプト、マスコミ受けしそうなのはどの社史、サンプルを示すならどの社史、神奈川県内の企業はどの社史などが、まとめてありました。

【註15】 いちおう両館での票数の勝負をしていたので、たびたび中間発表をするより、黙って票数を積み上げていったほうが、いくらか勝ち目はありそうだということくらいは考えていました。ごめんなさい。

【註16】 こうした真面目な感じのコメントだけではなく「ビールが美味しい季節」や「暑い時はビールだから」といったものもありました。もちろん、気楽な投票も大歓迎でした。

【註17】 表彰式の写真は「社楽」6号（2012年7月）の裏面に掲載されています。表彰式ではビールで乾杯したいね、という「ネタ」としての話はありましたが、勤務中なので、そんなことはしていません。ノンアルコールビールだったらセーフかな、と妄想だけはしました。

【註18】 「社史といえば神奈川県立川崎図書館」といわれるのはめずらしくないのですが、社史グランプリ以降、しばらく「社史といえば、関東では神奈川県立川崎図書館、関西では大阪府立中之島図書館ですよね」といわれることが多くなりました。なかには大阪府立中之島図書館のほうが充実していると思われている方も。これまでの蓄積や所蔵冊数（社史グランプリの時点で、神奈川県立川崎図書館が約1万5千冊、大阪府立中之島図書館が約5千冊）などからすると、同列ということに、もやっとしたものを感じたことも、なきにしもあらず……。

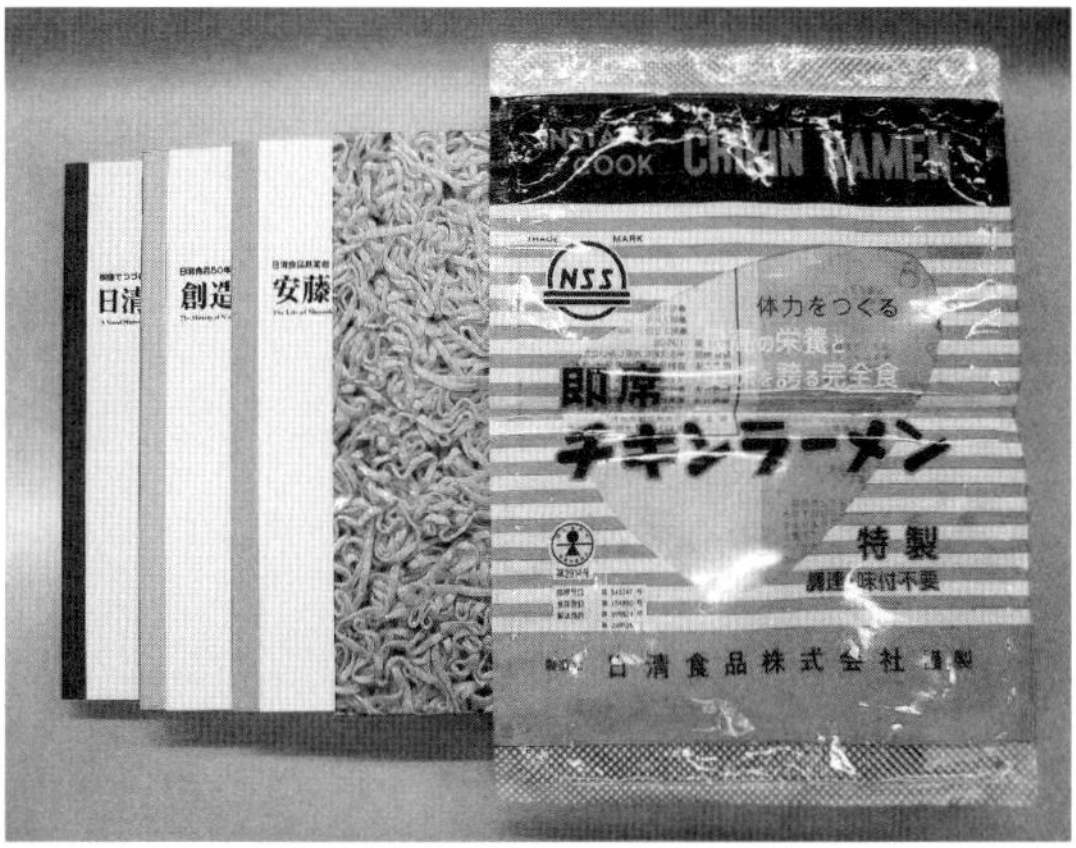

『日清食品50年史』（2008年刊）

「日清食品50年史 創造と革新の譜」「日清食品創業者 安藤百福伝」の２冊と DVD「映像でつづる日清食品の50年」で構成されています。

社史として唯一、日本マーケティング大賞協会賞を受賞。チキンラーメンを模した外袋に収められていて、外箱もでこぼことした手触りで麺の質感が感じられます。「映像でつづる日清食品の50年」は、DVD のパッケージが飛び出す絵本のようになっています。

外袋の裏側には「調味料：日清食品を支えた人々の汗と涙と努力の結晶／内容量：1950g／賞味期限：半永久的にお楽しみいただけます。／調理方法：食べ物ではありませんので調理しないで下さい」などの遊び心ある記載も。

社史を特集した、さまざまなメディアで必ず取り上げられているので、本書でまで紹介することはないだろう、と考えていましたが、知らない読者には不親切かなと思い、やっぱり紹介することにしました。

4章 「社史ができるまで講演会」

(1) 開催に至った経緯

社史グランプリの期間中、大阪府立中之島図書館では『アサヒビールの120年』と『近畿日本鉄道100年のあゆみ』の社史編纂担当者による講演を開催するということでした。

先に触れたとおり、神奈川県立川崎図書館でも大日本印刷の土屋さんに講師を引き受けていたきましたが(土屋さんは大阪府立中之島図書館でも同じ演題で講演をされています)、大阪府立中之島図書館のように、自社の社史を編纂された方の講演も開催したいと思いました。しかし、ツテはなく、どのように依頼したらいいのか、その頃は、よくわかりませんでした。

ここで思いついたのが、社史グランプリにもノミネートしていた『日本水産百年史』の社史編纂室の方です。

以下、図書館では利用者の秘密を守るという鉄則があります。個人はもちろん、どの会社が図書館を利用していたのかも、どんな目的だったのかも、決して口外しません。しかし、20回以上続くことになった「社史ができるまで講演会」を説明するのには、1回目の日本水産のことを書かないわけにはいかないので、関係者の許可をいただいた上で、左に説明させていただきます。

図書館には、レファレンス・サービス（調査のお手伝い）という機能があります。

数年間、日本水産の社史編纂室の方から、しばしば「こういう漁船について出ている記載はないか」「当時の冷凍技術がわかる文献はないか」などの問い合わせを受けていました。幾度も来館して調査をされていたので、会話を交わすくらいの関係にはなっていました。

当時、社史がどのように作られているのか、まったく知らなかった私は「社史編纂って、大変な仕事だな」と思いながら、調べもののお手伝いをしていました。

そして、2011年に完成した『日本水産百年史』をご寄贈いただき、日本水産という会社の歴史だけではなく、日本の近代水産史ともいえるような2冊組の社史を手にして、多大な労力が実を結び、かたちになったことを実感しました。（『日本水産百年史』は7章で紹介します）。

私自身も、『日本水産百年史』ができるまでの過程を、知りたかったこともあり、思い切って「社史編纂の過程を講演していただけないでしょうか」と依頼しました。

神奈川県立川崎図書館では、過去に、社史編纂の過程をテーマにした講演を開催した例はなく、おそらく日本水産でも社史編纂に関する講演依頼は想定していなかったと思います。とまどいもあったかもしれませんが、「社会の役に立つことはお引き受けしたい」と返事をくださり、元社史編纂室長がお話をしてくださることになりました。

講演は、日本水産の歴史の概要にはじまり、社史作成にあたっての資料の収集や調査、編纂の方針や編纂の経過、創業百周年を記念したニッスイパイオニア館の開館、社史刊行後の反応まで、多岐にわたる内容でした。日本水産の設立に関わった創業者（田村市郎）と功労者（国司浩助）のお墓まいりをされ、『日本水産百年史』の刊行の報告をしたエピソードも印象に残っています。

日頃、手にしている社史が「こういう風に作られているのか」と感心したのと同時に、『日本水産百年史』以外の社史ができるまでも知りたくなりました。また、編纂の過程を知ることによって、社史への興味も増すので、より多くの方に聴講していただきたいと考えました。

以上が、「社史ができるまで講演会」の1回目の開催に至った経緯です。

社史グランプリの期間中には、『内田洋行100年史』の編纂事業についての講演も開催することができました。内田洋行の社史のご担当者が来館されたときに、「社史編纂の講演を検討していただけませんか」とお願いしたところ、後日、名誉会長が講師を引き受けてくださると連絡を受け、恐縮してしまいました。経営のトップを経験された立場で社史をどう捉えるかというお話は、とても興味深い内容でした。

この時点では、まだ、こうした社史の編纂をテーマにした講演会へのニーズを把握しきれていませんでした。ただ、全国屈指の社史をコレクションしている図書館として、続けていきたいと思いました。

社史には編纂担当者の工夫やアイデアが詰まっています。社史から社風が伝わってくることもあります。講演は、社史という資料をより深く知り、親しみを感じる機会にもなります。私自身も、もっと多くの企業の「社史ができるまで」を聴きたかったし、司書としてのスキルアップにもつながるような気がしました。

社史グランプリが終わってひと息ついた頃に、さっそく次の開催に向けて動きだしました。社史グランプリの展示品の借用でお世話になった日清食品の担当の方と、グランプリを獲得したアサヒビールの担当の方にはお目にかかっていたので、その年の秋に講演を依頼し、快諾していただけました。この催事は「社史ができるまで講演会」の3回目、4回目として、シリーズ化していくことにしました。

社史編纂の経緯を語る講演会を、誰もが参加できるかたちで継続して行っている公共機関は、神奈川県立川崎図書館以外にはないようです【註1】。回を重ねるにつれて、これは神奈川県立川崎図書館がやるべき事業だという使命感も芽生えてきました。

（2）講演ができるまで

ほんとうは本書で、社史の編纂に携わった講師が、講演で語った内容を一つひとつ紹介していきたいのですが、どちらかというと私は、講演は生ものでいいと思っている性分です。私にとっての講演は、音楽のライブのような感覚なのかもしれません。講師も記録されることを気にせず、苦労話や失敗談などを含めて話していただいているので、本書では触れないでおきます【註2】。

初期に開催した数回の講演内容は「社楽」で、ごく簡単にレポートしたものもあります（6号、10号、18号）。また、社史ができるまで講演会で取りあげた社史の何冊かは、私が紹介をするというかたちで7章に掲載します。

なお、講演会の際に、自社での記録の目的で、講演中のビデオを撮られている企業が、これまでに何社かありました。受講者に対して、顔は写さないことなどを事前に伝えた上で撮影していただいています。次の社史を作成する数十年後に、前の社史がどうやって編纂されたのかがわかる貴重な記録になるのではないでしょうか【註3】。

講演を依頼するきっかけはさまざまですが、多くの場合、新着の棚にある社史をぱらぱらめくっていて、「この社史、特色あるなあ。どうやって編纂したのだろう」と気になったものに目星をつけます。編纂の経緯や編纂委員の想いが書かれている「あとがき」や「編集後記」は必ず読んでいます。そして、何度か社史に目を通し、ためらいながら（基本的に私は頼みごとをするのが苦手な性分です）、刊行した企業に「突然ですが」と講演の依頼をしています【註4】。

依頼を前向きに検討してくれる企業には、たいていご挨拶、ご説明に伺います【註5】。社史の感想や気に入っている点などは、すぐに伝えられるようにしています。よっぽど大部な社史や、専門性のある社史は除きますが、この時点では最初から最後まで1冊、読んでいます。依頼をする側の誠意といえるでしょう。それを省いたことで、一、二度、恥をかきました。

社員やOB、取引先など関係者以外から社史の感想を聞く機会は、それほどないようで、「なるほど、そういう読み方をしていただけましたか」などと会話が弾むこともあります。「社内のことをよく知っていますね」と笑われたりもしました。

もともと、講演を依頼したいくらい気に入っている社史なので、「ここが素晴らしいです」と語りたいことは、たくさんあります。編纂に携わった方とお目にかかり、ときには裏話なども教えていただき、さらにその社史が好きになります。

皆さん、社史の編纂を通して苦労をしてこられた方ばかりです。講師を引き受けてくださる際には「自分の経験が、少しでも皆様の役に立てば」と一様に話されます。営利に結びつくものではないので、ほんとうに、その気持ちだけで引き受けていただいています。

講師との打ち合わせでは「受講者の皆さんが聞きたがっているのは、会社の歴史よりも、社史の編纂過程なので、そこを軸にお話ください」と、かならずお伝えしています。型にはめたくないので、「過去の講演ではどうだった」というようなことは、ケースによりけりですが、敢えてこちらからは積極的に示していません。

社史が百社百様であるように、講演で力を入れる部分は講師によってまちまちです。装丁やデザインにこだわった内容、刊行後の活用を重視した内容、社内での編纂体制を詳しく説明した内容、失敗や反省を教訓にしてほしいという内容、企業のアーカイブズ（資料の保存や活用）の意義に及んだ内容……、いろいろな視点でお話ししていただいています。

私としても、業種などが偏らないように、いろいろなタイプの社史を紹介しようと努力しています。

社史ができるまで講演会の1回目から今日まで、企画、打ち合わせ、当日の進行、講演後の対応まで、ほぼ一人で担当してきました。得がたい経験をしていると思っています【註6】。

通常、神奈川県立川崎図書館で開催する講演会の講師には、規定の謝金をお支払いしています。ただ、社史ができるまで講演会では最初の数回の講師が謝金を辞退されたことなどもあり、予算をつけてもらっていません。

社史ができるまで講演会も、それなりの実績を重ねてきたので、予算を要求すれば検討はしてもらえるでしょう。しかし、予算がついてしまうと、年度内にその予算の回数分を開催しないといけない、逆に、その回数を達成すればノルマは果たした、それ以上、講演をしたくても予算がないという理由で開催が難しくなる、となる可能性が生じます【註7】。

社史ができるまで講演会は、ノルマにしばられず、この社史のお話を聞いてみたいと思って依頼し、お引き受けいただけるタイミングや、ご縁を大事にしていきたいと考えました。

同僚から「社史の講演は、会社の宣伝になるから、謝金はいらないんだよね」と言われたこともありますが、それには「講演の準備には相当な時間を費やすし、ほかの仕事を抱えながら時間を作っていただく。それは宣伝ということで元がとれるものではないし、だいたい宣伝がメインの話ではないですよ」と反論しました【註8】。

	演題（開催年月日）	講師	役職等（講演時または広報時）
13	『首都高物語～都市の道路に夢を託した技術者たち～』ができるまで [2014/10/10]	池谷 勝之 加古 聡一郎	西東京管理局総務部長 西東京管理局保全部長
14	『三洋電機社史』ができるまで [2014/10/24]	川原 陽子	パナソニック株式会社ブランドコミュニケーション本部　社史室 （元 三洋電機株式会社）
15	『鹿島　創業170年記念誌』ができるまで ～鹿島における「社史」と「記念誌」の違い、そして苦労～ [2015/02/06]	小田 晶子	総務部　本社資料センター（社史担当） 元 170年記念誌プロジェクトチーム
16	『ヤクルト75年史』ができるまで ～美味しい「社史」の作り方～ [2015/05/22]	伊藤 親利	広報室特別参与 社史編纂事務局
17	『医学書院の70年』ができるまで [2015/07/30]	金原 俊	取締役副社長 70周年記念誌編纂委員長
18	社史『おかげにて135』ができるまで ～髙島屋インテリア事業135年の歩みとこれから～ [2015/11/13]	孨田 徹 森田 一	取締役会長 株式会社エー・ティー・エークリエイティブ室担当部長
19	『小学館の80年』ができるまで [2015/12/01]	佐山 辰夫	元 社史編纂室長／古典編集長
20	『住友重機械工業　プラスチック機械事業部50年史』ができるまで [2015/12/01]	佃 昇	PJ50編集長
21	『1st Vintage　モトックス100年史』ができるまで [2016/02/10]	音無 能紀	コーポレート・コミュニケーション部ディレクター／広報室室長／100周年社史制作事務局
22	『ヤマトホールディングス100年史』編纂中 [2016/05/18]	白鳥 美紀	100周年記念事業担当シニアマネージャー
23	『TOPPAN FORMS 50th』ができるまで [2016/07/13]	牟田 克彦	元 50周年事業プロジェクト推進室長

（敬称略 2016年7月時点まで）

［社史ができるまで講演会］これまでの講演

	演題（開催年月日）	講師	役職等（講演時または広報時）
1	『日本水産百年史』ができるまで ［2012/6/23］	大田 吉一	総務広報部 元 社史編纂室室長
2	『内田洋行100年史』ができるまで ［2012/07/06］	向井 眞一	名誉会長
3	『日清食品50年史』ができるまで 〜そして、カップヌードルミュージアムへ〜 ［2012/11/01］	筒井 之隆	カップヌードルミュージアム館長 元 社史編纂プロジェクト代表 常勤顧問
4	『アサヒビールの120年 その感動を、わかちあう。』ができるまで ［2012/11/16］	名倉 伸郎	社友、元 120年史編纂委員会委員長
5	『東京書籍百年史』ができるまで ［2013/03/13］	渡辺 能理夫	常務取締役・編集局次長
6	『花王120年』ができるまで 〜花王ミュージアム設立からの流れ〜 ［2013/05/24］	上田 和夫	『花王120年』編纂委員 元 花王ミュージアム・資料室室長
7	チッソ社史『風雪の百年』ができるまで ［2013/07/26］	松永 一敏	総務部広報室顧問 元 社史編纂室編纂委員
8	『サカタのタネ 100年のあゆみ』ができるまで 〜創業100年目で初めての社史制作。その苦労と喜び〜 ［2013/11/29］	清水 俊英	広報宣伝部長
9	『コミーは物語をつくる会社です。』ができるまで ［2014/01/24］	小宮山 栄	代表取締役
10	『富士ゼロックス50年のあゆみ』ができるまで ［2014/05/14］	金井 康弘	総務部・社史グループ　グループ長
11	『味の素グループの百年』ができるまで そして、できてから ［2014/06/06］	牛島 康明	広報部（高輪）博物館・社史担当
12	アクセンチュア50年史 『KISEKI』ができるまで 〜迷いと思い、苦労と工夫〜 ［2014/07/04］	小川 富士	管理本部

社史ができるまで講演会のシリーズ化を考えたとき、なんとなくですが、当面は大企業を中心にしようと思いました。

講演後、受講者に書いていただくアンケートに目を通すと、「日本を代表するような大企業だけでなく、中小企業がどのように社史を作っているのかも知りたい」といった意見をよく見かけました。なにより私自身も中小企業が作成した個性的な社史の講演を聴きたかったのです。

ただ、こういった例のない講演会ゆえに、まず実績が大事だと考えました。

知名度のある大企業のほうが、人が集まりやすいというだけではありません。「これまでの講演一覧」を示して講演の依頼をしますが、アサヒビール、日清食品、東京書籍、花王……と並んでいると、「社史の講演なんて依頼されても困るし、よくわからないけれど、こうした企業が引き受けているのなら、我が社も名を連ねてもいいかも」と感じていただければ、依頼に応じやすくなるのでは、という意図がありました。もちろん、さまざまな事情で開催に至らないことも多いのですが、それもご縁なので、あまり無理にはお願いしていません。とくに中小企業は、人のやりくりも大変だと思います。はじめて中小企業の社史を取りあげたのは、9回目の『コミーは物語をつくる会社です。』ができるまで、です（7章参照）。

この講演も10回目を超えた頃から、「私の経験を話してもいいですよ」と講師を立候補していただけるようになりました。講師を推薦してくださった方もいらっしゃいます。また「社史ができるまで講演会を聞いて社史を作ったので寄贈します」と社史を持参してくださった方に「おめでとうございます。とっても素敵な社史ですね。ところで講演をお願いできませんか」と依頼をしていく循環も生まれるようになりました。

いつになるやらわかりませんが、社史を作成したら「社史ができるまで講演会で講師をすることがステータス」となればいいな、と願っています。

(3) 広報

図書館で開催する催事は、人の集まりやすい土曜日や日曜日に開催することが多いと思います。当初は、その考え方にとらわれていました。

社史の魅力を多くの方に知っていただこうと、第1回目の講演は土曜日に開催しました。社史グランプリの開催とあわせて、新聞などで告知されたわりに、講演への応募状況は芳しくありません。社史は世間的に馴染みが薄いし、このくらいのものかななどと感じていました。

しかし、平日に開催したところ、定員を超える応募をいただくようになりました。会場の様子から察するに、社史の編纂に関わっている方が、出張で参加しやすいことが要因のようです。

「この講演会は、社史の編纂をされている方にニーズがある」と気がつくのと同時に、平日の開催に限定するようにしました。

初期の頃は、社史の編纂に関わっている方が半分くらい、その企業や業界、経営史などに関心がある方が4分の1くらい、なんとなく面白そうだから参加してみようという方が4分の1くらいの印象でしたが、アンケートなどを見ると回を重ねるにつれ、社史の編纂に関わっている方の割合が増えていきました。

講師も、社史の編纂にテーマを絞ったほうが講演の構成を組み立てやすいようだし、メリハリも出て、充実した内容になる傾向があるようです。最近は、社史の編纂に関わっている方を主要な聴講者と想定して、企画や広報、講師との打ち合わせを進めています。ただし講演内容は、いろいろな苦労を経て1冊の本が生まれるまでの「ミッション達成」や「ものづくり」のストーリーです。多くの方の参考になる内容だし、私も受講者を限定するつもりはありません【註9】。

神奈川県立川崎図書館のホールは定員（通常50名）以上の応募があると、会場に収容できずに抽選をすることになります。とにかく多くの方に知っていただこうと、どんどん広報をしていた時期もありました。6回目の「『花王120年』ができるまで」には百名近い応募があり、当落の抽選をせざ

23回目の講演の様子

15回目の講演後の様子（講師の前には列ができています）

るを得ませんでした。しかし、申込者に社史の編纂に携わっている方が多いとすると、せっかくいい社史を作る参考にしようと応募をしたのに落選してしまうことになります。また、社史を編纂されている方は、近い将来に社史を寄贈をしてくださる方になるかもしれません。落選したから寄贈を見合わす、ということはないでしょうが、落選は極力避けたいという気持ちになります。

すこしでも多くの方に聴講していただこうと、定員より多めに受講者を受け入れたこともありますが、会場での対応が難しくなります【註10】。

最近は、なんでもかんでも大々的に広報をしようとはしていません。例えば、応募期間を短くしたり、先着順にしたりと、さじ加減を考えながら広報をしています。

とはいえ講演の開催は、神奈川県立川崎図書館を知っていただく絶好の機会であることに変わりはありません。

大々的に広報をしないにしても、告知先を絞り、たとえば、「『東京書籍百年史』ができるまで」のときには教育関連の機関や団体、「『サカタのタネ　100年のあゆみ』ができるまで」のときには農業系の大学や研究機関などにチラシを送付するなどして広報への協力をお願いしました。業界紙などに取り上げられたことも何度かあります。これまで神奈川県立川崎図書館を知らなかった方の目にとまる機会となったでしょう。

応募に際しては「どちらで知りましたか」という任意の記入欄を設けています。こちらが工夫をした広報先で知ったという記載があると嬉しくなります。その記載を見つつ、さらなる広報先を考えることもあります。

回を重ねて、神奈川県立川崎図書館が、年に数回、社史編纂の講演を開催しているということも周知されてきた気もします。ホームページ等で応募を開始した週にかなりの申し込みが届くので、講演の開催を期待して、こまめにチェックをしていただいているのかもしれません【註11】。

類似する講演会がほとんどないからか、遠方から参加される方もお見かけします。「北海道から来ました」とアンケートに記載されていたり、「九州の企業です。講演の日は忙しいでしょうから、翌日にお話しできませんか。」などと事前に連絡があったり、会場で名刺をいただくなどして、はじめて遠方からの参加だと気がつきます【註12】。講演の聴講だけではなく、社史室にも足を運んで、「川崎まで来た甲斐があった」という成果が得られれば、さらに嬉しく思います。

(4) 講演の意義

社史ができるまで講演会の特徴的なところは、基本的には、長期の常連の方が存在しないということです。受付用の名簿を作っていて、以前にごあいさつをした方かな、などと何となく気がつくこともありますが、ある時点で、ぱたっとお名前を見かけなくなります。そして、しばらくすると、社史が完成しましたと送ってくださったり、届けてくださったりします。講演会に参加する必要がなくなったということでしょう。無事に刊行できてよかったな、講演は役に立ったのかな、などと思いつつ、社史をめくっています。

講演後、講師との名刺交換を求める受講者が多いのも、この講演会の特色です。講師の前に列ができることも珍しくありません（95ページ写真参照）。講師も受講者も喜んでいるので、主催者側としても「名刺交換や個別の質問は講演終了後にどうぞ」と配布物に書いてうながしています【註13】。実際に、講演後に連絡を取りあったり、会社を訪問してより詳しくお話をうかがったりして、つながりができたという話を、しばしば耳にしています。

なお、講演では講師が指定したパワーポイントのスライドなどを配布資料とすることが多いのですが、配布物が無い場合は、社史の目次を配っています。これはアンケートでいただいた意見を参考にしました。「あとがき」も編纂委員の気持ちが一番あらわれている部分なので、講師の許可を得て、配布させていただくことがあります。

当日、私は進行（司会）をしています。出張でいらしてくださっている方が多いので、あまり時間をオーバーしないように心がけています。講演が短めで時間が余りすぎることも何度かありました。

そうしたときには質疑応答を長めにとりますが、最近は「受講者が知りたいであろうこと」を予想しながら、私が講師と対談する、という技ができるようになりました。

私は社史以外にも催事を担当しています。例えば、大学教授に科学の講演を依頼するときには、「図書館での講演なので、著書や文献の紹介などを通常の講演より多めにお願いします」や「もし可能なら、先生と図書館とのエピソードを1分でもいいから語ってください」などと頼んでいます。市民ホールやカルチャースクールでの講演でも、図書館での講演でも、同じ内容ではなく、図書館での講演は、資料の利用に結び付けたいと考えているからです。単なる無料カルチャースクールにはしたくないのです。しかし、そうは言っても、会場で講演を聴いて、図書館の書架には立ち寄らずに帰られてしまう受講者も多く、難しさを感じることもあります（来館のきっかけにはなるし、それはそれで、悪くはないと思いますが）。

その点において、社史ができるまで講演会は、ほんとうに楽なのです。

そもそも、社史という資料そのものがテーマなので、講演自体に図書館で開催する意義を見出せるからです。講師が「社史を編纂するのに、ここの社史室は、ほんとうに役に立ちました」と、自主的に話してくださることも、めずらしくありません。

講演時のアンケートで、神奈川県立川崎図書館の社史に関する取り組みについて訊いてみたこともあります。その中から、社史ができるまで講演会についての記入を、いくつか紹介します【註14】。

「実際に社史がどういったかたちで作られるのか話を聞く機会はなかなかないので、よい取り組みだと思う。」

「このたび、社史に携わることになりましたが、誰もが経験のないメンバーのため貴館の取組みは大変参考になります。今後も利用させていただきます。」

「講演では、常に参考にできるポイントがあり、年史作成に役に立っている。」

「蔵書だけでもありがたいのに、こうした発信・交流をオーガナイズしてくださる点については、ただただ感謝です。」

「社史に対する取組みをされている事業は、経営史、産業史の分野ですばらしいものです。」

右以外にも、社史の編纂をされている方からは、「すぐれた社史を編纂した実際の体験談が何より参考になる」と、よくうかがいます。そうした声を励みに、「この社史を編纂された方のお話していただきたいな。講演をお願いできないかな、難しいかもな。いやいやダメでもともとでお願いしてみようかな」などと思案しています。

23回目の講師、トッパン・フォームズの牟田克彦さんからは、「社史の神奈川県立川崎図書館という、日本でも稀有な存在は、私共のように制作者だけでなく、日本の実業・産業にとって本当に貴重な存在かと思います。社史は過去を著わすものだけではなく、未来を示しているものとして、これからの若い実業家達のためにも、今後も変わらず事業を継続していってくださることを、心より願っております。」と講演後にメールをいただきました。

一時期の公共図書館では、ビジネス支援がトレンドのようになっていました。これまで図書館に足を向けなかった層の需要を掘り起こそうという狙いで、ビジネス支援を前面に出した部分もあったと思います（念のために補記すると、農業が盛んな地域なら農業関係もビジネス支援です）。ただ、資料的な裏付けがなかったり、ニーズをうまく汲みとれなかったり、さまざまな理由で、まだ成功例は限られているような印象を、私は持っています【註15】。

社史ができるまで講演会の会場で、会社員（と思われる方）が熱心にメモを取りながら聴講している姿を見ると、多くの図書館で取り組んでいるビジネス支援とは違ったアプローチで、図書館が企業の役に立っていることを実感することができます。

読む註

（1）

【註1】社史編纂協力会社が顧客を対象にしたセミナーを開催している例はあります。また、学会、団体等が有料で開催する場合や、会員向けに行うケースはあるかと思います。社史に限定していませんが、企業史料協議会のセミナーなどは、重なる部分もあります。

（2）

【註2】失敗談として、ご健在の方を故人として記載してしまい、あわてて謝りに行ったら香典を要求された、というお話をうかがったことがあります。スリリングなお話は、たくさん聞いています。困難を乗り越えて社史の完成に至った場面で、拍手をしたくなったこともあります。

【註3】講演後、講師から「編纂の作業は社史として残ったが、編纂自体を振り返る機会はなかったので、今回の講演の機会があってよかった」と言っていただけたことも何度かあります。

【註4】依頼にはタイミングが大事です。たいてい社史が刊行されて数カ月後には、編纂委員会は解散して、皆さん、次の仕事が忙しくなります。あまり刊行から間をおかずに依頼するようにしています。素晴らしい社史なので講演を依頼したかったのに、刊行後しばらくたってからの寄贈であったり、自分の仕事が忙しくて手が回らなかったり、なんとなく躊躇したりするうちに、依頼のタイミングを逸してしまったことも、幾度かあります。

【註5】たいてい広報部や総務部の管轄なので企業の本社に伺います。都心の一等地にあるオフィスビルが多く、まさか図書館の司書をしていて、そうした場所を訪問する機会が何度もあるとは思っ

ていませんでした。最初は苦手でしたが、社史を通して会社のことを知っているので「こういう社屋で、社史に書いてあった仕事をされてきたのか」と、会社を訪問するのが、だんだん楽しくなっています。

【註6】というようなことを職場で言ったら、「それがどうしたの」という感じになったことがあります。ある時点を過ぎると「やっていて当たり前の行為」になるのだなと実感。少し寂しくもありましたが、根付くということは、こういうことなのでしょう。

【註7】社史ができるまで講演会に限らず、この本で書いている全て社史の催事は、人件費、消耗品（紙、のり付きパネル）などを除外すれば、すべて予算なく行っています。ただし、図書館での催事に予算がいらないわけではありません。必要な事業がほとんどです。誤解を与えるといけないので、いちおう書いておきます。

【註8】自社の歴史と真面目に向かい合う編纂の取り組みに好感を持って、その企業の商品やサービスが好きになることはあるかと思います。企業ミュージアムや工場見学後の反応と似ているかもしれません。企業の足跡は、強みになります。

（3）

【註9】もし受講者の対象をより広げるのであれば、社史ができるまで講演会とは別に、社史に記載されている企業の歴史そのものをテーマとする講演会の開催などを、いずれ検討してもよいかもしれません。大阪商工会議所が運営する大阪企業家ミュージアムの活動に、やや近いイメージです。

【註10】会場側が原因のアクシデントも何度も経験しています。音響でキーンとハウリングのような嫌な音が時折しましたが、講演中は原因が特定できませんでした。講演が終わってから、ワイヤレスのPC用マウスとマイクとの干渉だと判明しました。

冷房の準備ができていない初夏の時期、会場内が暑すぎて、講演中に館内から扇風機をかき集めてきて、会場に置いていったこともありました。
設備が整っているとはいいがたい施設なので、いろいろ苦労しています。

【註11】メルマガ（メールマガジン）で社史の催事の案内が欲しいという要望はよくいただきます。ただ、担当者としては、すでに神奈川県立川崎図書館を知っているメルマガ受信者で満席になるより、催事をきっかけに神奈川県立川崎図書館を知らなかった新規の方にも受講していただく機会を広げたいと思っています。現状で社史のメルマガは考えていません。

【註12】申し込みや受講の際に、住所や社名は聞いていないので、どこの会社の方なのかは相手から声をかけていただかない限りわかりません。名簿等は講演後、すみやかに削除しています。

（4）

【註13】毎回、「できるまでができるまで」という手書きの印刷物に、お知らせなどを書いて配っています。なぜ手書きなのかというと、純然たるビジネスセミナーっぽくなってしまうのが、なんとなく性にあわないからです。失敗談として、一度、「品がない」という意見をいただきました。その回は内容的に砕けすぎたかなという自覚もあり、反省しました。念のため、次の開催時に「この印刷物、今後もあったほうがいいですか」とアンケートで聞いてみたところ、ほぼ全員から存続の希望をいただいたので続けています。

【註14】聴講者に配布するアンケートで「Q．神奈川県立川崎図書館では国内屈指の社史をコレクションし4階の社史室で公開していますが、ご存知ですか？」と訊いてみることがあります。これは、「知っていた」と回答しようが「知らなかった」と回答しようが、設問文に書いてあることを読んで確認していただければOKという広報的な要素も、いくらか含んでいます。

　たまに「今日まで社史をコレクションしていることを知らなかった」という記入を見かけますが、「なぜ公共図書館で社史の講演会を開催しているのか、疑問に思わなかったのな」と首をひねっています。それでも、その日に知っていただけたので、嬉しいです。

【註15】「ビジネス支援」も大事ですが、「ビジネスマンが生活を充実させる支援」でもよいのでは……などと思ったこともあります。もっともこれは、開館以来、ビジネス支援に力を入れている神奈川県立川崎図書館に勤めているから感じたことなのかもしれません。

「社史を編む」

三浦しをん氏の「舟を編む」という小説がヒットし、映画化、アニメ化もされています。辞書の編纂によく目をつけたな、と感じていました。そこで、社史編纂を正面から取り上げた「社史を編む」という小説があってもいいのでは、と妄想してみます（三浦しをん氏には『星間商事株式会社社史編纂室』という作品もありますが、社史編纂事業より登場人物やストーリーを楽しむ話だと思います）。

社史編纂、山あり谷ありです。

ある日、唐突に社長室に呼ばれて、社史編纂を命じられますが、何をしていいのか、さっぱりわかりません（不本意な異動にしましょう）。

とりあえず、社内の資料を探しますが、行方不明だったり、捨てられていたり、なかなか見つかりません（いずれ、思いもよらぬ場所から次々と見つかることにしましょう）。

資料が集まれば、場所を確保しなければなりませんが、社内で部屋を確保するのは一苦労です（とても重要だと社史編纂経験者からよく聞きます）。

ＯＢにはインタビューをしますが、鬼籍に入られていたり、記憶が定かでなかったり、必要な情報が得られません（故人が丁寧に仕事内容を記していた手帳が出てくることにします）。気難しいＯＢ会長とも、いさかいはありますが、最後は仲良くなります。

創業家には、それなりに配慮も求められそうです。

取引先にも気を使います（社史編纂の責任者は、社内外や業界に通じている方、調整力のある方が向いているようです）。

編纂作業を進めていくうちに、あっちの部門を立てれば、こちらの部門は立たず、社内的に苦しい立場にもなることにしましょう。「俺の手柄だぞ」という押しの強い人もいるでしょう（逆に、謙虚なエピソードも判明）。

どうしても、事実と資料が食い違う事柄も出てくるかもしれません（そして、以前の社史に託されていた想いに気がつくとか）。

場合によっては、会社にとって不都合な事実が見つかり、どう記載するのかを悩むことになります。

編纂委員同士や、外部のライターとの衝突もあるでしょう。

そうして積み上げてきた苦労のすべてを、社長の一言で、変えざるをえない事態も起きてしまいます。

それでも、一歩一歩、前進し、社員にも社史編纂への協力をうながしながら、「いい社史を残そうよ」と社内で盛り上がりっていきます。社員の写真の撮影なんて、いいシーンですね。

もちろん、式典での配布という期日が決まっている中、小説のお約束で、とんでもない誤字が見つかります。

……なんて、小説を書いてみてはいかがでしょうか。なんかコメディーっぽいですね。私は、企業に勤めた経験がなく、臨場感のある文章が書けそうもないので、妄想だけにとどめておきます。

もっとも、実際に社史編纂を担当する方は、右のような山あり谷ありの状況は、まったく望んでいないと思います。

5章 「社楽」社史室からの発信・提案

(1)「社楽」とは

新聞に「社史をひもとく」(2章)の連載をはじめてから、しばらくした頃、当時の上司から「外部の媒体に書いているのなら、社史室でも刊行物を作ってみたら」と声をかけられました【註1】。

「どんな感じにしますか」

「簡単なものでかまわない。月に1回は刊行をしたい」

といった会話がありました。けっこうタイトなスケジュールです。その時点でタイトルは「社楽」がいいと言われたので、上司の頭の中には、ある程度の構想ができていたようです。

「ほぼ月に1回としましょう。それと、自分ばっかり書くよりは、他の課員にも書いてもらいたいので、Kさんと分担してやることにします」と話しは進み、職場の承認も得て刊行が正式に決まりました。当時の館長の方針で「社楽」は記名原稿になっています。

単発的な社史関連の刊行物は、これまでにもありましたが、社史室としての継続的な情報発信は「社楽」が初めてです。

「社楽」は、2012年1月から現在まで、ほぼ1カ月に1度くらいのペースで刊行を続けています。神奈川県立川崎図書館のホームページでバックナンバーをすべて閲覧できるので、ご覧ください。2016年8月の時点で58号まで刊行しています【註2】。

厳密に、月刊としなかったのは、毎月何日の刊行というきっちりとしたペースではなく、適宜、情報発信をしていきたかったからです。筆が進むときや告知をしたいことがあるときには月に2回、忙しいときはその月は見送りという感じで刊行しています。

新聞連載「社史をひもとく」は社史の内容にスポットをあてていましたが、「社楽」は社史室から発信したいことを書くことにしました。「社楽」の見出しに書いているとおり「神奈川県立川崎図書館が所蔵する全国有数の〈社史コレクション〉をさらに活用していただくため、社史の使い方や、社史の楽しさ、社史情報などをお届けしています」をコンセプトにしています。社史室の利用の「提案」といえるかもしれません。

神奈川県立川崎図書館の他の刊行物が横書きばかりだったので、目立つように縦書きのレイアウトにしました。たまに増ページすることもありますが、基本的にはA4一枚（表裏）とし、毎回、ひとつ（または、ふたつ程度の）特集を組んでいます。

どんな内容か知っていただきたいので、「社楽」から4回分の特集テーマを転載しておきます（一部、書き改めています）。

社楽 SHA RAKU

神奈川県立川崎図書館が所蔵する全国有数の〈社史コレクション〉をさらに活用していただくため、社史の使い方や、社史の楽しさ、社史情報などをお届けしていきます。

Vol.1

2012/01

ここ数年の社史のトレンドとは？

社史室のカウンターでは「最近、トレンドな社史って、どういうものですか？」といった質問を受けます。

社史に変化なんてあるのかな、と思う方もいらっしゃるかもしれませんが、日々、社史を扱っているからこそ気が付いた傾向もあるので、簡単にご紹介しておきます。

なにより、ここ数年に刊行された社史はビジュアルなものが増えています。写真や図版を多用したり、一目で会社の歴史がわかるレイアウトにしたり、一冊まるごとカラーページの社史もめずらしくありません。

ビジュアル・横書き・付録付き…

一昔前は縦書きの社史がほとんどでしたが、最近は横書きの社史の比率もかなりの割合を占めています。

さらに、DVDなどの電子媒体が付録になっていて映像やデータ、本文が収録されていたりする社史も見受けられるようになりました。

社史は硬い本の代名詞、というイメージも変わりつつあるようです。

ただし、見やすく親しみやすくなった反面、ページは薄くなって、文量は減ってしまいました。

自社だからこそきちんと記載できる情報は、トレンドと関わりなく、社史の持ち味であり続けるはずです。

また、電子媒体のメディアの場合、再生装置の変化やOSの対応などによっては、十年後、二十年後に気軽に閲覧できなくなる可能性も生じます。社史の目的の一つは、会社の歴史を次の世代にバトンタッチすることでしょう。社史作成の際は、永続的に閲覧できるような配慮も求められているように思えます。

新旧各種の社史を手に取ってみて気が付くこともあります。ぜひ社史室をご来訪ください。お待ちしています。

（科学情報課・高田）

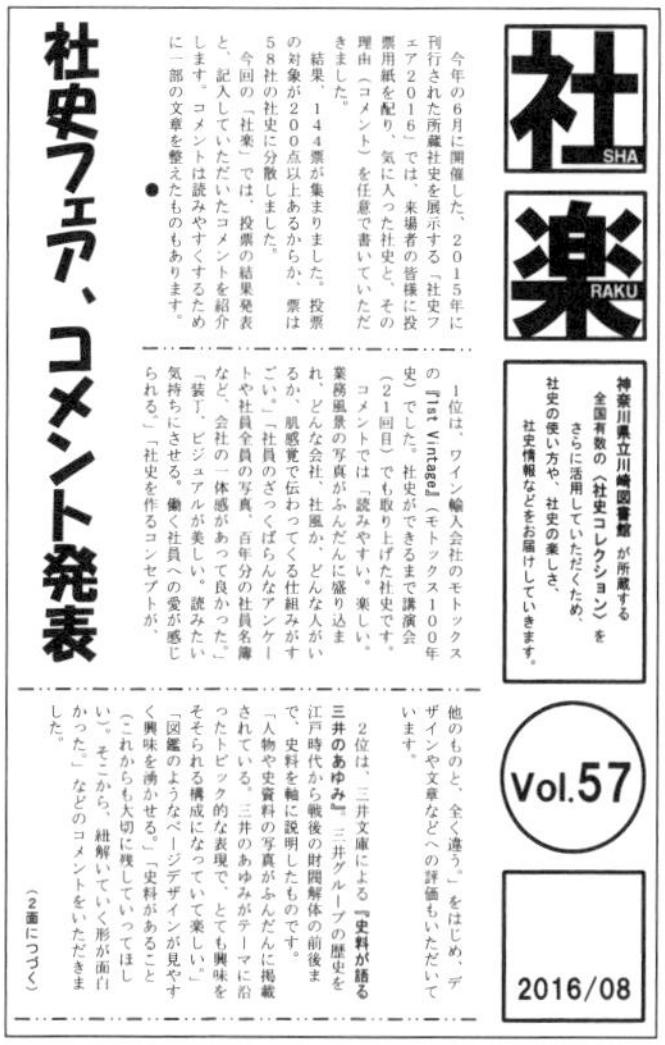

社楽 SHA RAKU

神奈川県立川崎図書館が所蔵する全国有数の〈社史コレクション〉をさらに活用していただくため、社史の使い方や、社史の楽しさ、社史情報などをお届けしていきます。

Vol.57

2016/08

社史フェア、コメント発表

今年の6月に開催した、2015年に刊行された所蔵社史を展示する「社史フェア2016」では、来場者の皆様に投票用紙を配り、気に入った社史と、その理由（コメント）を任意で書いていただきました。

結果、144票が集まりました。投票の対象が200点以上あるからか、票は58社の社史に分散しました。

今回の「社楽」では、投票の結果発表と、記入していただいたコメントを紹介します。コメントは読みやすくするために一部の文章を整えたものもあります。

●

1位は、ワイン輸入会社のモトックスの『1st Vintage』（モトックス100年史）でした。社史ができるまで講演会（21回目）でも取り上げた社史です。

コメントでは「読みやすい。楽しい。業務風景の写真がふんだんに盛り込まれ、どんな会社、社風か、どんな人がいるか、肌感覚で伝わってくる仕組みがすごい。」「社員のざっくばらんなアンケートや社員全員の写真、百年分の社員名簿など、会社の一体感があって良かった。」「装丁、ビジュアルが美しい。読みたい気持ちにさせる。働く社員への愛が感じられる。」「社史を作るコンセプトが、他のものと、全く違う。」をはじめ、デザインや文章などへの評価もいただいています。

2位は、三井文庫による『史料が語る三井のあゆみ』。三井グループの歴史を江戸時代から戦後の財閥解体の前後まで、史料を軸に説明したものです。

「人物や史資料の写真がふんだんに掲載されている。三井のあゆみがテーマに沿ったトピック的な表現で、とても興味をそそられる構成になっていて楽しい。」「図鑑のようなページデザインが見やすく興味を沸かせる。」「史料があること（これからも大切に残していってほしい）。そこから、紐解いていく形が面白かった。」などのコメントをいただきました。

（2面につづく）

【社楽14号／2013年3月】
「社史で調べる★米国大使館が三菱のビルに」

今回は社史を使った調査（レファレンス・サービス）の例を紹介します。

「終戦後、米国大使館が三菱商事のビルに所在したことを、社史で確かめられませんか？」という問合を受けました。相手は、なかなか事実を確認できずに困っていたそうですが「社史だったら出ているかも」と思いつき「社史と言えば神奈川県立川崎図書館だから」と嬉しい一言を添えての質問でした。

まずは三菱商事の社史を見ました。三菱商事の社史は何冊かありますが、もっとも詳述されていそうな**『三菱商事社史』**（1986年刊）の上巻を見ていくと、サンフランシスコ講和条約発効後、GHQによる接収解除にともなって「昭和二十七年十一月末、三菱商事ビルが返還された。（中略）接収解除は二十七年四月二十八日であったが、引き続きアメリカ大使館が賃借し、十一月末契約終了により明渡しを受けたのである」と載っています（733ページ、一部変更）。

これで調査を終了してもいいのですが、短い記載なのでもう少し調べてみたくなります。「たしか三菱地所も詳しい社史を出していたけれど、関連した情報が出ていないかな」とあたってみることにしました。**『丸の内百年のあゆみ　三菱地所社史』**（1993年刊）で、接収解除の時期が出ている項目に目を通していくと、下巻に「占領時代の接収建物に対する当社のすぐれた管理運営の実績が買われ、講和条約発効後、米国務省から当社に、米国大使館が入居していた旧三菱商事ビルヂングならびに在日米国大使館建物等の管理運営を引き受けてほしいとの強い要請があった」(64ページ、一部変更)とあります。背景が少し見えてきました。

三菱地所では、従業員の取り扱いなどの問題があって直接業務を担当するのは困難なので、米国の国務省の了解のもと、大部分を出資して日本不動産管理株式会社を設立し、この要請に対応したと書かれています。

今度は、日本不動産管理株式会社の社史が見たくなります。現社名は日本ビルサービス株式会社ということがわかったので、検索してみると**『ビル管理ものがたり　日本ビルサービス50年の軌跡』**(2002年刊)を所蔵していました。

さっそくめくってみると、第一章「契約によるビル管理業の始まり」の冒頭で、旧三菱商事ビルの地下で準備をしていたことなど、米国大使館のビル管理業務を行うための設立の経緯が詳しく書かれていました。仕事は講和条約発効の日からスタートし、日本での契約によるビル管理業のはじまりでもありました。「ビルメンテナンス」という呼称も、この時の契約から生まれたそうです。米国大使館の仕事を通してのアメリカ式の清掃の導入なども説明されていました。

と、15分程度の調査でも、会社のつながりをたどって、いろいろなことがわかってきました。まだまだ興味はつきないし、他の社史を使って調査を展開させていくこともできそうです【註3】。

【社楽28号／2014年4月】「パンを美味しくする社史」

幕末の開国後、米食中心の日本にパンは、すぐには普及しなかったといいます。東京の銀座に店舗を構えた木村屋が1874年、酒種あんパンを販売し、明治天皇に献上したことも話題となり、徐々にパン食が広まっていきました。木村屋が売り上げを伸ばすと、同業者も負けまいとして、結果、パンの普及につながっていったそうです。日露戦争に備えて作っていたビスケットをヒントに、ジャムパンを完成させたのも木村屋です。『**木村屋総本店百二十年史**』（1989年刊）に記されています。

1901年に開業した中村屋の創業者・相馬愛蔵はシュークリームのおいしさに驚いて、1904年にクリームパンを製造しました。中村屋のクリームパンは大評判になり、ほかのパン屋でも製造されていきました。あんパン・ジャムパン・クリームパンは「日本の三大菓子パン」という存在になります。パン・菓子だけでなく、『**中村屋100年史**』（2003年刊）には、カレーやボルシチの喫茶部への登場、相馬愛蔵夫妻とキリスト教の関わり、多くの芸術家が集った中村屋サロンの様子など、食文化を中心とした同社の多彩な活動が載っています。

のちに山崎製パンを創業する飯島藤十郎は、1927年、中村屋の店先に貼られた「少年店員募集」の求人広告に応募して働きはじめました。やがて仕事をしながら夜間学校に通って勉強をしましたが、仕事か勉強か、どちらかを選択しないとならなくなり、悩んだ末、仕事を辞めることにしました。中村屋で働いたのは2年半でしたが、相馬愛蔵の商業哲学「良い品を安く」は心に刻みこまれ、のちの商売の心構えにもなったそうです。1948年に山崎製パンを創業してからも、飯島藤十郎は中村屋に足を運び、相馬氏や当時の先輩、同僚の指導を仰いだり、意見を求めたりしました。同社の社史『**ひとつぶの麦から**』（1984年刊）より紹介しました。

創業から間もないころの中村屋で修業していた続木斉は、1913年に妻の故郷の京都で進々堂を開業します。1924年には日本のパン屋としては初めてパリに留学しました。当時の日本では、あんパンのように柔らかいパンが好まれていましたが、フランスパンのような堅焼きパンのおいしさを伝えようとします。1930年には、京都大学の北門前にフランス風の外観のパン食堂を出店するなどして、京都で愛されるパン作りを続けていきました。平成に入ってから進々堂は経営危機に陥りますが、山崎製パンから出資を受けられたこともあり、事業を立て直しました。「同じ新宿中村屋の影響を受けたクリスチャン創業者を持つことが進々堂と山崎製パンの交流の原点である」と『**進々堂百年史**』（2013年刊）のコラム欄に記されています。

第一次世界大戦では中国の青島からドイツ人の捕虜が日本に送られてきました。愛知県の知多半島でマカロニなどを製造していた盛田善平は「収容所のパンは、捕虜自身が焼くので大変美味しい」と耳にしたことから、従業員を収容所に派遣してパンの焼き方を習い、敷島製パンを設立しました。大戦後、ドイツ人の捕虜は本国へ送還されますが、パン焼きの技師には、本人の意思を確かめ、敷島製パンの初代技師長として残ってもらいました。このドイツ人技師は敷島製パンを離れたのちに、神戸で洋菓子商ジャーマン・ホーム・ベーカリーを開業します。**『敷島製パン80年の歩み』**(2002年刊)より紹介しました。

ある業種の社史をまとめて見ていくと、いろいろなつながりが見えてきます。今回、例にしたパンだったら、パンの製造会社だけでなく、パン業界の団体史、原料を扱う会社、製造機械の会社、百貨店やホテル・小売店、そして流通と、多方面に関わりを見つけていくこともできそうです。社史室らしい調べ方かもしれません【註4】。

【社楽40号/2015年3月】

「書名が四字熟語の社史。」

「社楽」も40号を迎えましたが、まだ書名を特集したことはありませんでした。そこで今回は書名が四字熟語になっている社史を紹介させていただきます。

まず自社の仕事内容と関連した四字熟語を書名にした社史をいくつか。

『燃料報国』（ヤンマー70年のあゆみ／1983年刊）は、ディーゼルエンジンの開発に際して、昭和初期から掲げてきた同社の基本理念で、巻頭のカラーページでも説明されています。字は元東大寺管長・清水公照の筆です。ヤンマーからは**『豊穣無限』**（ヤンマー農機20年のあゆみ／1986年刊）も刊行されています。

『弾性無限』（1969年刊）はバネ製造の日本発条（ニッパツ）の30周年記念として刊行されました。「序文」によると「弾性に限界あるも、弾性の研究開発には限りが無く、また、人生には限りがあるも、企業は無限の生命を目指す」とあります。同社からは一文字を変えた書名の**『弾性夢限』**（ニッパツ70年の歩み／2010年刊）も出ています。「あとがき」によると、限りない夢に向かってますます躍進していく企業という意味を込めたそうです。

日清食品の30周年の社史**『食足世平』**（1992年刊）は題字も含め創業者の安藤百福によるものです。「しょくたりてよはたいらか」と読みます**【註5】**。巻頭の「ごあいさつ」で、戦争直後に「まず食が充足していなければならない」と思いを深くしたことにはじまった事業の指針である旨が書かれています。安藤百福は2つの四字熟語を並べたものなど、年頭定是（活動指針）を毎年定めて、筆でしたためています。その一覧は社史にも掲載されています。同社の40周年記念誌の書名も四字熟語の

『食創為世』（１９９８年刊）で、こちらの書名は「しょくそういせい」と読み、「世の中のために食を創造する」という意味です。「食足世平」とともに日清食品の企業理念のひとつです。

『鏤采摛文』（安藤七寶店百年史／１９８１年刊）は「るさいちぶん」と読みます。「彩りをちりばめ、文様を美しくあらわす」という意味で、満州国建国に際して七宝を献上したとき、初代・国務院総理の鄭孝胥が筆をとったと「序文」にあります。

オフィスや病院などの建築内装に携わる、くろがね工作所の**『空間創造』**（創業60周年記念／１９８７年刊）は「人間のあらゆる生活空間の快適で効率的な環境づくりを推し進めること」と「発刊のことば」で説明されています。北陸地方で住宅建設をしている玉家建設の**『住往無尽』**（２００４年刊行）は「住まいのゆくすえ　尽きることなく」と添え書きされています。

切削工具メーカーの**『研削琢磨』**（オーエスジー物語／１９９７年刊）は、新聞に連載していた同社の歴史の企業小説を、そのまま本の題名にしたと書かれています。ほかに精密機械部品メーカーの**『技能伝承』**（タカハシテクニア一〇〇年に向かって／２００７年刊）などもあります。

冠詞を付けた**『ＴＨＥ　鉄道人生』**（伊岳商事50年史／２０１３年刊）は、鉄道の保線機器などを扱っている企業です。保線にかける想いが伝わってくるような社史で、まさに書名のとおり、という印象を受けました。自転車メーカーの社史で**『銀輪讃歌』**（マエダ工業六十周年記念／１９８２年刊）という書名もありました。

つぎに企業の理念の四字熟語を書名にした社史も、いくつか紹介しておきます。

『一意誠実』（ライオン事務器200年史／1993年刊）は巻頭で「この理念こそ当社の歴史のバックボーンであり、永遠のテーマであることに思いを至し」表題としたと、当時の会長によって記されています。

『創意工夫』（江崎グリコ70年史／1992年刊）はグリコの七訓（社訓）の最初にも示され、創業者・江崎利一による書も巻頭のページに掲載されています。

『和働入魂』（藤堂工業株式会社四十年の歩み／2002年刊）は、ベアリングの製造などをする同社の基本理念となっている造語で「魂を入れて和して働こう」の意味だと本文中に説明がありました。

『士魂商才』（喜多村石油70年の歩み／1982年刊）は創業者の遺訓で、繰り返し息子に聞かせたという「商人たるもの、商才は発揮すべきだが、忘れてならないのは武士道の精神である」に拠ります。

『以和為貴』（永井産業の二百年／2002年刊）は聖徳太子の言葉で、江戸時代から紙屋を営む同社のゆかりの地・兵庫県太子町は、聖徳太子とゆかりがあることにより社是としたそうです。

以上、いろいろと例示をしてきました。

「温故知新」をキーワードに社史を検索してみたら10件以上ヒットするなど、まだまだ四字熟語が書名の社史はあります。

ただ、書架に並べたときには、四字熟語が目立つより、社名が目立った方が本を探す上でありがたいという図書館員の本音を「画蛇添足」ながら付記しておきます【註6】。

【社楽53号／2016年3月】
「座談会を読んでみよう」

社史に掲載されている座談会といって、どんなイメージが浮かびますか。社長を中心に役員らが会社の思い出話をする。しかも自慢話……、などでしょうか。他社の社史であれば「あまり読む気がしない」かもしれませんね。

座談会にも、いろいろなバージョンがあります。社長と中堅社員という組み合わせも、よく見られます。OBだけ、中堅社員だけ、若手社員だけを集めた座談会もあります。最近の若手社員は離職率が高いと聞きますが、社史は後世に残るものなので、離職したら気まずいかも、なんて心配もでてきそうです。

社外の方を交えた座談会としては、取引先のほか、芸能人・有識者、地元の有力者らとの対談が掲載されているものもあります。

今号では、社史の座談会にスポットを当てて、特色ある座談会をいくつか紹介してみましょう。

当館の「社史ができるまで講演会」（20回目）でも取り上げた、住友重機械工業『**プラスチック機械事業部50年史**』（2015年刊）には、いくつかの特徴的な対談が出ています。たとえば「もの申す鼎談」というコーナーでは、香港で1993年に設立した現地法人のあゆみを、生え抜き社員3名が振り返る内容です。社史（厳密には事業部史）に掲載する内容にしてはけっこう辛口なコメントもあり、「パーツに関しても日本側のレスポンスは遅いと感じる。対応する人が未経験の若い人の場合もあったりして」や「リスクを最小限にしようとして、既定の流れに沿って仕事をすることを重視しているから」などの発言も。もちろん、全体としては愛社精神にあふれた対談です。ほかに、台湾やドイツでの座談会も収録されています。

同書には、入社2、3年目の若手社員が50年後を語る「未来へのまなざし」という座談会も掲載されています。「車はぜひ浮いていてほしいね」「浮くとなると、軽くするためにプラスチックは多用されるな」などのやりとりが、スマートフォンのSMS風のデザインで記されています。

帽子メーカーの『**中央帽子60年**』（2008年刊）は対談集ともいえる1冊です。第1章「会社とともに—この十年」では「作る」「動かす」「生み出す」「企てる」「打つ」のテーマで、それぞれに関わる社員が座談会を行っています。最後の「打つ」は「ゴルフを打つ」だそうで、「なぜ、今度の本の中で、テーマがゴルフなんでしょうか」と選ばれた二人の社員も戸惑っている様子。ゴルフ談義を続けたあと、最後には、仕事にも余裕が大切であり「そういう目的で我々にゴルフ談義をせよということだったのかな（笑）」と結んでいます。

第2章「社会とともに―この十年」は、社外の関係者を交えて「流通」「ファッション」「経営」を取り上げています。「経営」は帽子業界の他社の社長を集めた座談会です。中央帽子の西井社長の最初の発言から部分的に抜粋すると「今回のこの本は、中央帽子の六十周年という意味以上に、何十年後かに残った時に、読んだ人にとって資料として意義のあるものにしたいと思っています。」「将来どんな方が帽子業界を研究されるかはわかりませんが、（中略）、帽子業界の歴史の何らかのマイルストーンのような意義を持たせたい、と思っています。」「普通の社史なら考えにくいような組み合わせでこの場を設定させていただき、お集まりいただきました。」と切り出しています。

プラスチック成型などを行う矢崎化工の『60YEARS BOOK』（2013年刊）には、「二代目社員座談会」として親子で同社に勤めることになった4名の座談会が載っています。子供のころに社内行事に参加した思い出や、製品が身近にあったエピソードなど、アットホームな社風が伝わってくるようでした。

九州を中心に医薬品卸業を展開する『フォレストグループ135年史　みらい創生史』（2014年刊）には、社長と副社長の対談が載せられていて「社史編纂の意義」が最初のテーマになっています。内容的には際立ってユニークということではないのですが、座談会の様子が部分的に付録のDVDの映像に使用されているのは、めずらしい試みだと思いました。

鋼製のワイヤーなどを製造する『**東京製綱125年史**』(2015年刊)は、第Ⅰ篇「通史」のあとが、第Ⅱ篇「座談会」で、かなりのページを割いています。冒頭「本誌の構成について」から引用すると、座談会は「経営全般、技術、エンジニアリング事業の3つのセッションを設けました。通史を補うというより、時代の息吹きを伝えるという意味では、この社史の中で最も核心的な地位を占めるものと思います。」とあります。「技術のザ・ベスト・テン」と題して、あらかじめ投票で10の技術を選び、それぞれを取り上げていくなど進行も工夫されています。欄外に注記や、図・写真を入れるなど、伝えることにも力を入れています。

このように意外と奥が深い社史の座談会。本編には記されなかった社員の声が聞こえるように感じました【註7】。

(2)「社楽」の背景

「社楽」の1号は「ここ数年の社史のトレンドとは?」というテーマで私が書きました。今、読み返してみると内容が甘いです。たとえば、最近の社史は横書きの比率がかなりの割合を占めている、と書いています。縦書きの社史は、6章で取りあげる社史フェアの目録を目安にすると、2割程度ですが、センスのいい社史が多いことを書いておきたかったです。

2号、3号は、同僚のKさんが書いています。当初は、私とKさんと二人で担当していくつもりでしたが、成り行きによって、だんだん私の執筆の割合が増えていきました。しばらくしてから、AさんとMさんも、時折、執筆に加わっています【註8】。

以下、私が気に入っている「社楽」の背景を紹介しておきます。

「まず、長い社史を調べてみます。つぎに重い社史を調べてみました。」

（8号／2012年9月）

社史室にある一番、長い社史を調べてみました。「□□株式会社○○年史」の「○○」の部分の年数が多い社史です。取材などの際によく訊かれるので、「社楽」にまとめておけば、対応が楽になるという意図もありました。あくまで私の調査ですが、饅頭の『塩瀬六百五十年のあゆみ』が一番長く、和菓子の『虎屋の五世紀』がそれに次ぎます【註9】。300年以上の社史は多すぎて紙面に書ききれなかったので、350年以上の社史を載せました。現在は「社楽」に書いた時よりも何冊か増えています。

ついでに、社史室にある社史で一番重い社史はどれだろうと計ってみました。外部の方が計量器を持ち込むのは考えにくいので（許可をとればかまいませんが）、勤めているからこそ、思いついたことだと思います。同僚と二人で「銀行の書架に重そうな本ない？」「この本、重いかな……。見た目よ

社史室の書架。「社楽」のネタは山ほどある空間です。

り軽いや、残念」など調べていきました。結果、『東京急行電鉄50年史』が約4・64キロで、調べた範囲ではもっとも重かったです。こうした調査がどういう意味を持つのかは不明ですが、小ネタとして、メディア等でたびたび紹介されることになりました【註10】。

形状シリーズでは、厚い社史も調べてみましたが（20号／2013年8月）、重さに比べると正確に計測しにくいので、8センチ以上などとおおまかにくくっています。ページ数が多い社史も知りたくはありますが、書架で調べるのが大変そうだし、所蔵データからページ数が多いものを抽出する方法を私は知らないので挑戦していません。薄い社史は計測がさらに難しい上、「それは社史ではなくパンフレットでは」といわれそうなので手をつける気はありません。ほかに、大きな社史と小さな社史を取り上げたこともあります（54号／2016年4月）。

よく問い合わせを受ける質問だから、まとめておこうと作った「社楽」には「装丁のユニークな社史、大集合！」（7号／2012年8月）や「マンガの社史も出ています。」（23号／2013年11月）などもあります。

	発行月	おもな特集記事
43	2015/06	川崎駅東口百貨店物語
44	2015/08	世界遺産登録！明治日本の産業革命遺産
45	2015/08	ビールと缶と社史
46	2015/10	社史フェア2015 振返り号
47	2015/10	タモリ倶楽部で社史特集！
48	2015/11	社員のコメント掲載法
49	2015/12	飲食関係のロゴマーク
50	2016/01	社史担当が年史を作ったら
51	2016/02	年ごとの社史の冊数は
52	2016/02	「あさが来た」社史にみる広岡浅子
53	2016/03	座談会を読んでみよう
54	2016/05	社史フェア2016 開催します！／大きな社史＆小さな社史
55	2016/05	バーチャル「社史室」開設です
56	2016/06	読みものの社史も一緒に
57	2016/08	社史フェア、コメント発表
58	2016/08	渋谷で社史フェア 報告／外箱にも注目してみよう！

（2016年8月時点）

	発行月	おもな特集記事
1	2012/01	ここ数年の社史のトレンドとは？
2	2012/02	若手司書が社史を極めていく道1
3	2012/03	好評！若手司書が社史を極める道2
4	2012/05	特集！みんなで選ぶ社史グランプリ
5	2012/06	発表！みんなで選ぶ社史グランプリ
6	2012/07	講演「日本水産百年史」ができるまで
7	2012/08	装丁のユニークな社史、大集合！
8	2012/09	まず「長い社史」を調べてみます。つぎに「重い社史」を調べました
9	2012/10	歴代・京急の社史スペシャルです
10	2012/11	伝説の『日清食品50年史』の編纂は…
11	2012/12	社史をどのように集めているのか？
12	2013/01	池ちゃん「はじめての寄贈依頼」です
13	2013/02	西の横綱、龍谷大学・長尾文庫へ！
14	2013/03	社史で調べる☆米国大使館が三菱のビルに？
15	2013/04	社史付録の電子媒体の中身は
16	2013/05	沖縄・読谷村で展示された社史
17	2013/05	大勢の高校生が社史室に！
18	2013/06	できるまで講演会、1周年！
19	2013/07	三井住友銀行を社史で遡る
20	2013/08	社史自由研究・厚い社史は
21	2013/09	当館の社史を検索するコツ
22	2013/10	英語で書かれた社史を検索
23	2013/11	マンガの社史も出ています
24	2013/12	社史室担当が今年を振り返る
25	2014/01	謹賀新年、馬の社史です！
26	2014/02	人気企業に就職希望する前に、まずは社史を開いてみませんか
27	2014/03	社史にみる東日本大震災　企業はいかに対応したか
28	2014/04	パンを美味しくする社史
29	2014/05	初の社史フェア開催！ 社史の講演は6月・7月にも開催！
30	2014/07	初の社史フェア、大盛況。
31	2014/08	会社の歴史が消えないように
32	2014/08	業界の歴史をまとめた社史
33	2014/10	短い社史を探してみました
34	2014/10	メタリック調な社史
35	2014/11	プロ野球、セ・リーグの球団の親会社
36	2014/12	有名なＣＭの誕生史
37	2015/01	謹賀新年、羊にちなんだ社史です
38	2015/02	バレンタイデーと社史
39	2015/02	社史は「あとがき」に注目
40	2015/03	書名が四字熟語の社史
41	2015/04	社史の蔵書点検をしつつ
42	2015/05	社史フェア2015開催

「沖縄・読谷村で展示された社史」（16号／2013年5月）

沖縄県読谷村の出身者は出稼ぎなどで、全国各地の紡績工場で働いていたそうです。読谷村の村史編纂室の方が社史室を訪れて調査をしていました。そして、是非、読谷村でも多くの方に見ていただきたいと申し出があり、読谷村立図書館で展示するため、紡績会社などの社史を、まとめて貸し出ししました。こうした社史の活用法があることを知り、許可を得て「社楽」で紹介しました。読谷村の広報紙「広報よみたん」の2013年4月号でも記事になっています。

地域史を調べるのに社史が有効なことを示したものには、「川崎駅東口百貨店物語」（43号／2015年6月）などもあります。

「大勢の高校生が社史室に！」（17号／2013年5月）

企業の歴史を調べるという私立高校の授業の一環で、社史室を利用したいと担当の先生から連絡がありました。男子高校生20名以上だといいます。

当日は、社史とはどういうものか簡単な説明してから、社史室で本を探すサポートをしました。狭い空間で窮屈な思いをしながら、それぞれが調べたい社史を探していました。有名な企業を調べる生徒が多い中、高校生には関心が薄そうな「○○の社史はありますか？」と訊かれたので、なぜかなと思ったら、お父さんが働いている会社だとか、納得。

社史室を利用した高校生の声を知りたかったので、担当の先生に協力してもらい最後にアンケートを書いてもらいました。

「どれも、何十年史など、とても長い歴史が書かれていて、日本の企業が海外企業に比べて歴史が長いことがわかった。本の中身を見てみると、創業から現在に至る道のりが書かれていて、当時のそれぞれの会社の社員の情熱が伝わってきた。」

「近所にある見知った企業の社史があったりして面白かった。戦前から続いている企業の苦労にも興味がある。インターネットで調べられないようなことが、ぎっしり書かれていたので、活用したいと思う。」

「知っている会社から一度も聞いたことのない会社まで、さまざまな企業が社史を出していることに驚かされ、知っている会社ですら、その内容は知らないことばかりで奥が深いと思いました。これをきっかけに社史に多く触れていきたいです。」

など、多くの感想をいただきました。

高校生が社史に何を感じたのかを、教育関係者や、社史編纂に携わる方にも知ってもらいたかったので「社楽」にまとめておきました。

大学生の就職人気企業ランキングをもとにした「人気企業に就職する前に、まずは社史を開いてみませんか。」（26号／2014年2月）という特集を組んだこともあります。ただし、社史はたいてい数十年に一度刊行されるものなので、創業の理念や会社の足跡などを知るのには適していますが、直近の企業の動向を調べるのには向かない資料です。

「『あさが来た』社史にみる広岡浅子」（52号／2016年2月）

複数の企業で活躍した人物をテーマに書いてみたいと、常々、思っていましたが、ピンとくる人物を見つけることができませんでした。たまたま、2015年秋から放送されたNHK朝の連続ドラマ「あさが来た」のヒロインのモデルが広岡浅子で、大同生命をはじめ、多くの企業に関わっていることを知ったので、「社楽」で取り上げることにしました。ただし、私は「あさが来た」を見ていなかったので、楽しみに見ているというAさんに書いてもらいました。広岡浅子や広岡家の人物が各企業の社史に、どう記載されているのか、幅広くまとめた内容です。

「社楽」は、ほぼ月刊での刊行物なので、話題性のあることも伝えていくように心がけています。宮崎駿監督のアニメ映画「風立ちぬ」で、零戦の設計者・堀越二郎がモデルになったときには「「風立ちぬ」堀越二郎を社史で調べる」（20号の裏面／2013年8月）として、三菱重工業の社史で堀越二郎の名前を探していきました。ユネスコの世界遺産に「明治日本の産業革命遺産」が登録されたときには「世界遺産登録！　明治日本の産業革命遺産」（44号／2015年8月）で、長崎造船所や八幡製鉄所、軍艦島などが出ている社史をピックアップして紹介しています【註11】。

「社楽」は、だいたい、このような感じで書いています。

「この社史を紹介したいのだけれど、どういうテーマで構成すればうまくまとまるだろう」と頭をひねったり、「今度はこのテーマで書こう。明日中に書き上げるのが目標」と気合いを入れたりしています。テーマを決めたら、1日か、せいぜい2日では仕上げています。

電子媒体（CDやDVD、データや動画などを収録）の社史は、通常、ほとんど見ていないのですが、「社楽」でテーマにしてみようとディスクをパソコンに入れて目を通していきました（「社楽」15号／2013年4月）。「社楽」に取り上げることをきっかけに、これまでやっていなかったことに手をつけて、視野を広げていったことも何度かありました。

ほかにも、イベントの告知や報告をした号、社史の検索の仕方などを説明した号など、創刊のコンセプトどおり「〈社史コレクション〉をさらに活用していただくため、社史の使い方や、社史の楽しさ、社史情報などをお届けしています」を続けています。

60号近く刊行していますが、ネタ切れを心配したことはありません。それだけ社史には、いろいろな可能性があるといえるでしょう。

「社楽」は、多くの方にご覧いただいているようで、社史の調査や、社史の取材でいらした方がプリントアウトし、まとめてファイリングしている姿を、しばしば見かけます。「社楽のファンです」などと声をかけられたこともありました。

この章を読んだ方は「書き手の意図を探りながら読む」という楽しみも増えたでしょう。ぜひ、神奈川県立川崎図書館のホームページ等にてご覧ください。「ほぼ毎月」更新されていると思います。

よく図書館の本は「公共の財産です」と言われます。この財産の価値を高める方法は、さまざまなかたちで利用を増やすことだと思います。ともすれば「知る人ぞ知る」になりがちな全国屈指の社史というコレクションの使い方や楽しさを、いろいろな角度から、提案、紹介していきたいと考えています。

読む註

（1）

【註1】この手の仕事は適性があると思います。そこを見込まれて頼まれたのでしょう。苦手な人が担当になると、何を書いていいのかわからない、時間がかかり他の仕事を圧迫する、出来たものも楽しくない……というドツボにはまることが予想されます。

【註2】私の語感では「社史室情報紙」なのですが、気がついたら神奈川県立川崎図書館のホームページで「社史室情報誌」と表記されていました。外部の多くの機関も、そのまま「社史室情報誌」と紹介やリンクをしてくれています。いまさら直す気もせず、そのままにしています。

【註3】ある機関からの質問です。普通の資料ではなかなか調べられなかったので……と調査の依頼がありました。たしかに社史（または公文書）でないと調査に手こずるかもしれません。この回は、社史が調査に使えること、会社のつながりをたどりながら調べられることの例示という意図を持って書きました。本文で引用元のページを書いているのは、あとで問い合わせを受けた時、再度、探すのが面倒だからです。

【註4】「パンの回が一番好き」と言われたことがあったので、この本に転載しました。

パン屋さんの社史は、全体的に面白い気がします。２章の神奈川新聞への連載（２０１３年７月３日）にも、山崎製パンの『ひとつぶの麦から』の別の箇所を要約していたので、すこし長いのですが、一部を修正して紹介しておきます。

●

終戦後のパン屋さんは、客が持参する配給の小麦粉をパンにして渡し、加工賃をもらっていました。したがって、その場ですぐにパンを渡せず、三日、四日たってから渡すのが普通でした。そうした中、他店からヒントを得て「粉と引き換えに温かいパンをさしあげます」と看板を出したのが、現在の山崎製パン。効果は絶大で、千葉県市川市にある小さなお店には朝早くから行列ができ、警官が整理にあたるほどでした。1951年には、東京の両国に工場を持ちます。担当した飯島一郎（創業者・飯島藤十郎の弟）は「おはよう」ではなく「今日のパンの出来はどうか」といって工場に入りました。一郎の妻の淑江は「今度来たパン屋です」と近所にパンを配って歩きました。「店に一〇人のお客様が来てくだされればいい。それを二〇人にするのはそう難しくない。さらにそれを四〇人、八〇人にするのは楽だ。なによりもまず最初の一〇人を大切にしようと努力しました。」と語っていたそうです。

【註5】　企業理念としては「しょくそくせへい」と読んでいます。日清食品の企業理念は「食足世平」「食創為世」「美健賢食」「食為聖職」です（日清食品のホームページより／2016年8月時点）。

【註6】　書架を見ながら、四字熟語が書名の本を抜き出し、その中からいくつか選んで、まとめたものです。「社楽」31号（2014年8月）の欄外では、社名や商品名と、それがわかりにくそうな社史の書名を並べて、クイズにしたこともあります。

【註7】　じつは私も座談会のコーナーには、あまり目を通していませんでしたが、社史フェア（6章）で、一緒に準備をしているAさんが時折、「この座談会、こんなことが書いてありますよ」と教えてくれます。読んでみたら面白いものも多かったので、「社楽」にまとめてみることにしました。

社史室では、社員のコメントをどう載せるのかについても、時折、聞かれるので「社楽」48号（2015年11月）に「社員のコメント掲載法」を書きました。

「社楽」では、あとから思い出したり気が付いたりして「こっちの本も紹介しておけばよかった」

となることや、書き終えてから、そのテーマにぴったりの社史が寄贈されることも多いので、いずれ「その2」を作成したいテーマもいくつかあります。

(2)

【註8】 理由はきちんと説明していますが、私は「こう書いたら」と赤を入れることが多いので、他の執筆者からは「修正が多すぎる」と(ごもっともな)文句を言われます。付け加えると、私も同僚のOさんの校正でミスを指摘されまくっています。ここ数年の「社楽」の刊行にあたっては、とくにOさんに感謝しています。

【註9】 神奈川県立川崎図書館が所蔵している社史で、さらに私が気付いた範囲での調査です。世間にはもっといろいろな社史があるかもしれないし、私の見逃したものもあるかもしれません。他の調査も同様です。

ある時、新着社史の棚で「668年」という文字が目に飛び込んできました。一瞬、長い社史の更新かと思いましたが、よく見ると『ほくやく百年史 668年のあゆみ』で、合併した数社の企業の歴史を合計しての668年という意味でした。

【註10】 「百年史」はもっと重い社史になるのかな、というのは、ただの冗談です。。

【註11】 メディアに取り上げられた企業の社史に関する問い合わせをいただくことがあります。それがきっかけで「この企業の社史はないのかな」と、寄贈依頼をしてみることもあります。いいことならともかく、あまりよくないことで話題になっている最中に寄贈依頼の電話をして、社史を入手できなかったという遣りとりを隣で聞いていたことがあります(それはそうでしょう)。社史の寄贈依頼については8章で取り上げます。

「気になる社史」

「社楽」では、特集のテーマだけでなく、囲み記事や新着社史として、気になった社史を取り上げることもあります。読者に紹介したいのはもちろんですが、書いておかないと「どの社史だったかな」と自分が忘れてしまうので、備忘録的な用途にもなります。

以下、「社楽」に掲載したものの、そうでないものも含めて、いくつかの特色のある社史を紹介します。

社史を見ていて「こんな会社があるのか」と知ることがあります。

『飛翔　サン・コミュニケーションズの35年』（２０１３年刊）は、ＰＯＰ広告を作っている会社です。これまで手掛けてきたＰＯＰ、陳列台、展示台、のぼり旗などが、年代順に並んでいます。たとえば、２０１０年代だと、血圧計の展示台や、芝刈機のＰＯＰ、スプレーの店内用のハンガーなどの写真が掲載され、業界での受賞作品には解説も添えられています。「デザインショー出展外作品」の項目には、組立説明書や取扱説明書が掲載されています。

株式会社ホープの『History of HOPE　モノ創りの歴史50年』（2002年刊）は、創業時の軽自動三輪車にはじまり、デパートの屋上などに置かれている遊戯機械、遊園地向けのアミューズメント・マシンなど、各年代の製品をまとめています。アミューズメントの1970年後半のページでは、小型乗り物に特化した理由を「たとえば自動木馬は上物を除けばマシンは共通しており、大量生産に適している」などと解説し、義経号（汽車）、ポンポン船、戦車、アヒル、レッドバロン（飛行機）、ジェットファイター（飛行機）が写真で掲載されています。

社史に「こんなコーナーがあるんだ」と見入ってしまうこともあります。

海運物流の会社『昭和を生きる　株式会社岡本フレイターズ50年のあゆみ』（1976年刊）は、1975年11月11日の社員の動向を部署ごとに克明に記した章がありました。例えば、日野分室の13：00〜「渡辺は、集荷の鬼島氏と電話でジャマイカ向け検査証取得について今後の方法を相談しているが、なかなか妙案が浮かばない。東南アジアの政情不安のためだ。」、営業・業務の16：00〜「20分。経営協議会開始。会社側はしぶい顔。高田はやかんをかけっぱなしにしていたため業務の人に注意されている。」など、社員一人ひとりの起床から睡眠までを、22ページにわたり記録しています。「文字で表すタイムカプセル」という趣旨で、社員が「その一日」を書いたものを、部署ごとにまとめていったそうです。

工場や鉱山などで用いる防塵、防毒マスクなどを製造する安全衛生保護具のメーカー、重松製作所の**『保護具とともに　七七年のあゆみ』**（1996年刊）をぱらぱらとめくっていると、電車の時刻表や列車の座席配置図が目につきました。「これは何を書いているのだろう。まさか社史にアリバイトリック？」と読んでみると、「出張奇談」という項目で、出張中の車中で起きたユニークなエピソードを記したものでした。同社は戦前、国民マスクというガスマスクを製造していました。国民マスクを購入していた斎藤茂太（精神科医、作家）の「ガスマスク」という回想文も転載しています。

愛知県を中心に手羽先の居酒屋などを展開する、世界の山ちゃん（株式会社エスワイフード）の**『21年史』**（2002年刊）には、社員の給料袋などに入れていた手紙（所感集）、社内報「まぼろし通信」、店内新聞の「てばさ記」「おさかな塾」など、いずれも手書きのものを数号分、そのまま掲載しています。

『カンロ100年史』（2013年刊）には「カンロ飴を使った料理」という料理本のよう

なレシピ集が載っていました。すき焼き、洋風肉じゃが、かぼちゃのアイスクリーム、豚の角煮など7つのレシピが紹介されています。「日本人の好みに合った味付けのカンロ飴は、料理に使うことで、そのうまみとコクを増すこともできる」と説明されています。カンロ飴の原料が、醤油や水飴などであることを考えると、甘辛系の料理には相性がよさそうというのは、何となく納得です。

私の気が付いたごく一部ですが、思いつくままに「気になる社史」を紹介してみました。

6章

日本初の「社史フェア」

(1) 社史フェア2014【1年目】

それは、2014年3月の中旬。

自宅の風呂にはいっているときが出発点でした。

湯船につかって、ぼんやりとしていて、つい仕事のことを考えてしまいました。


「近刊の社史を見たいっていう要望をよく耳にするよなあ。たしかに社史の編纂を始めようとする方にとっては、新しい社史の傾向を知りたいだろうなあ。

……お風呂、気持ちいいなあ。

編纂協力会社とかが共同して、新刊の社史を紹介するイベントを催していないのかな。そんな機会があれば、寄贈先の情報を得るのにも便利そうだけれど。しがらみとかあって難しいのかも。耳にしたことないや。

……そろそろ、体を洗おうかな。

ん、なければ、やってしまえばいいのか。新しい社史を集めて展示すればいいだけだよね。でも、ミニ展示のスペースじゃ無理だよなあ。ホールだったらできるかな。そんな風に使わせてもらうこと可能なのかな。そもそも新しい社史って何冊くらいあるのだろう。出版年を指定して蔵書検索すればいいだけか。なんだか気になってきた。」


証人はいませんが、右はかなり忠実に再現できていると思います。

風呂からあがって、自宅のパソコンで前年の2013年刊行の社史を検索してみると、その時点で163点がヒットしました。

「163点か。少し増えても200点くらい。ホールに展示するのは訳もなさそうだ。平日なら数日間、連続してホールが空いている時はあるだろう。仮に2013年刊行の社史を対象とするなら、あまり遅いと旬が薄れるので、夏頃には開催したいな。

準備は自分がやればいいことだけれど、まあ、何人かの課のメンバーにも手伝ってもらおう。大きな出費はとくにないし、必要なのは、紙やパネルくらいなので問題なし。」

と、このあたりまで頭の中に浮かべば、もう企画書をまとめられるレベルです。その場でさっそくパソコンのワードを立ち上げて、かたかたと文字を打ち始めていました。

次の出勤日の朝、さっそく上司にA4一枚にコンセプトと概要を箇条書きした「社史フェア2014」の企画書を手渡して説明しました【註1】。とくにお金もかからないし、面白そうだから、試しにやってみたら、と進めることを認めてくれました。これまでも、いろいろな催事を企画してきたので、多少の信頼は得ていたのでしょう。

ホールの使用状況を確認したところ、6月の下旬に1週間くらい空いている時期があったので、使用の予約をしました。開催は3日間（水、木、金）とし、前後の1日が準備と片付けというイメージです。職場の許可も得ることができました。

この時点で3月下旬です。

「200冊の展示くらい、なんとかなるだろう」とは思っていましたが、年度末から年度始めは、人事異動などもあり何かと忙しくなります。さらに神奈川県立川崎図書館では4月上旬に蔵書点検を行うので他の作業はストップします。図書館はゴールデンウィークも開館していますが、その前後に休みが振り分けられるので出勤日は減ります。実際に準備に費やせる時間は、それほど多くはありません。もちろん、思いつきの企画より、カウンターなどの通常業務が優先されます。

2014年頃になると、社史の業務も膨らんできたので、4月から非常勤職員のAさんとMさんに社史の業務を割り振ってもらいました（社史の専任ではありません）。二人とも4月に採用されたばかりです。ただでさえ特殊な図書館での勤務なのに、いきなり「6月に社史フェアという前例のないイベントを担当してもらうので、よろしく」という感じでした。ご苦労さまです。

社史を並べるだけでは素っ気ないので、社史1冊ごとに簡単な説明をしたパネルを作ることは決めていました（以下、この章では「説明パネル」と書いていきます）。通常の業務の合間を見つけては、2013年刊行の社史を手にとって、ひたすら70字程度の紹介文を書いていきました。

集中力全開で順調にいっても、1時間に8冊くらいが限界でした。30ページの薄い冊子でも、50ページの本格的な社史でも、70字程度に概要などをまとめました。書きたいことがたくさんありすぎて困ったり、なぜか書くことがどうしても見つからなかったり、いろいろとありましたが、とにかく進めていきました。この作業をやっておけば、（その時点で）神奈川県立川崎図書館が所蔵している2013年刊行の社史は、すべて目を通したことになります。一冊一冊に精通しているわけではないにせよ、要点はつかんでいます。自分のスキルアップになるし、社史フェアの会場でも自信をもった対応ができることは感覚的にわかりました。

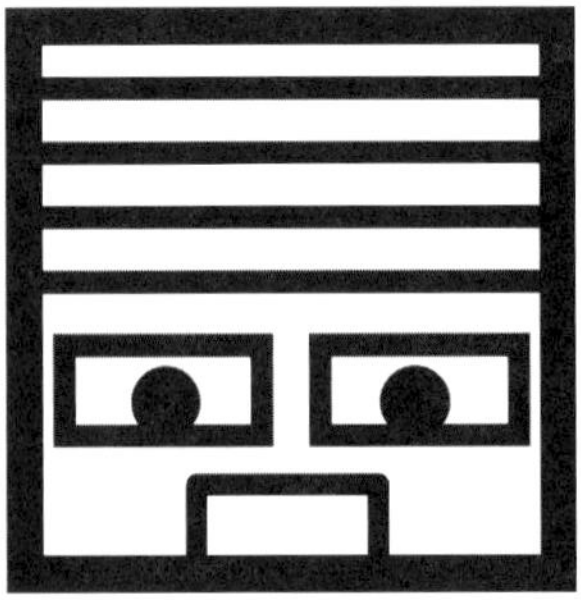

「かわとくん」

原案は私。正面からみた神奈川県立川崎図書館の建物がモチーフです（48ページ参照）。科学情報課のキャラクターを作ろうと課員で人気投票をして決まり、いつの間にか神奈川県立川崎図書館のキャラクターになっていました。今のかたちになったのは、社史フェア2014のロゴを作っているときから。特定の人だけが描けるキャラクターにはならないように気を配りました。「かわとくん」を広めたのはＭさんです。

社史フェア2014のスタッフＴシャツです。世界に７枚しかありません。現存数は不明。

私がひたすら紹介文を書き、Aさんがチェックし、Mさんが再チェックして説明パネルを作っていきました。パネルにする紹介文があるのなら、同じ文章を印刷して配ってしまおうと、ごく簡単な冊子も作ることにしました。

ロゴも作りました（148ページ参照）。同じ課のKさんが「せっかくだからTシャツにしたら」と言ってくれたので、有志でTシャツを作成しました【註2】。周りにも協力してもらいながら、だんだんフェアらしくなっていきました。

5月頃に2013年刊行の社史は200点を超えていました。

社史の寄贈は随時あります。一点でも多くの社史を紹介したかったので、冊子の印刷などは、開催の直前に行うことにしました。

社史フェアのニーズは、社史の刊行を考えている方や、社史の編纂を進めている方が中心だと予測していました。そうした方々に情報を届けるのには、どうしたらよいのかと考え、メディアだけでなく、いくつかの社史編纂協力会社宛てに、「お知り合いの方にご紹介ください」と、チラシを送りました。同時に2013年刊行の社史の寄贈の協力をお願いしたところ、許可を得られたものを、まとめて数冊、送ってくださる社史編纂協力会社もあり、感謝するのと同時に、収集にも結びつくイベントであることを実感しました。

社史を編纂している方にとって、神奈川県立川崎図書館が役に立つ機会を提供し、寄贈を増やす。そして、コレクションの充実はさらなる満足度につながる、という「好循環」を、私が明確に意識したのは、この頃だったかもしれません。

神奈川県立川崎図書館のホールは、子ども向けの科学実験教室など例外はあるにせよ、講師の話を

平置きにして展示すると、社史の印象は変わるということを知りました。

受講者が聴くというかたちでの使用や会議の開催が大半です。「本を並べてしまおう」という用途で使用したことは、私が在職している期間にはありません【註3】。単純なことですが、よくこの発想が出たな、と自画自賛しています。

先例を知らない分、どう展示をしていくのかは手探りです。机や椅子は自由に動かせるし、とにかく200点を並べるだけならスペースの問題はないので、あまり心配していませんでした。私は事前に配置図などを準備しておくタイプではなく、実際に動かしながら考えるタイプです。

月曜日は休館日なので、火曜日と水曜日の午前中の一日半を会場での準備にあて、水曜日の午後から開催することにしました。一日半もあれば余裕だと思っていましたが、「どうしようかな」と考えつつの作業だったので、本を並べるだけとはいえ、けっこう時間がかかりました。ほぼ全点を平置きしてしまおうと決めたのも、この時点になってからです。Ａさん、Ｍさんの意見を参考に、シンプルで収まりのよい空間が出来あがりました。

こんな風に進めていったので、他の同僚は「いったい何をやるつもりなんだろう」という感じだったでしょう。

前日の準備では、「社史作成の際には、ご寄贈をよろしくお願いします」の掲示物を何枚か会場にはっておきましたが、それより「皆様のご寄贈、ありがとうございました」のほうが先だよねと、苦笑しながら、あわてて掲示物を追加したりもしました。

ほかに「２０１３年の10年前、20年前、30年前……」と10年単位で遡る主な出来事を記載した歴史年表を作って掲示しておきました。たとえば、50年史、１００年史といわれても、50年前、１００年前のイメージはつかみにくいので、創業時の時代背景がわかりやすいように示したものです。ただ社史を並べるだけよりは、こうしたものがあったほうが展示らしいかなと考えました。

会場の真ん中には、特色のある社史や、社史ができるまで講演会で取りあげた社史を並べ、目を引くようにしました。

社史の付録にＤＶＤ（データ、映像など）などの電子媒体が付いているものもあるので、会場に関

社史フェア2014のひとコマ。「こういう光景が見られるといいな」とイメージして企画をしました。

覧用のパソコンも置きました【註4】。
「静かに読書をする趣旨のイベントではないので、会場内ではお連れ様とお話ししていただいてかまいません。スタッフにも遠慮なくお声掛けください。」や「会場内の閲覧スペースで、お座りになってご覧いただくこともできます。ただし、皆様にご覧いただきたいので、多くの社史を一度に積み上げるような利用はご遠慮ください。1、2冊

社史フェア・ロゴコレクション①

社史フェア2014

「初開催」の丸印をもう少し右にずらして大きくすれば、ライブラリーの「Li」にも掛けられてよかったと思います。あとから気がつきました。

ずつご覧ください。」などを箇条書きしたペーパーも作成しました。

アクシデントとしては、開催の前日に、説明パネルの大きさが、紙のB判をベースにしているものと、A判をベースにしているものが混在していることに気がつきました。並べると違和感があるので、のり付きパネルを何枚も抱えて電車に乗り、家に持って帰って作り直していました。工作系の仕事を家に持ち帰ったのは初めてです。

開催の直前には、できるだけ多くの同僚にも関わってもらいたかったので「ビジュアルな社史」「本格的な社史」などテーマを選んで、説明パネルの余白に色分けしたシールをはってもらいました【註5】。

こうして、2014年6月25日の13時、いよいよ社史フェアの開催を迎えました。どんな方がお見えになるのか楽しみにしていました。

最初の来場者は、自分の会社の社史が展示してあるだろうからと、見に来られた方です。社史を手に記念撮影をされて帰っていかれました。いきなり想定外の利用でした【註6】。

開場直後は閑散とした感じで「こんなものかなあ」と思っていましたが、時間が経つにつれ、来場者は増えていきます。

これまでの図書館の催事と明らかに違うのは、滞在時間が長いことです。来場された方は、2時間、3時間と、じっくり社史を手にしてはメモをとったり、配布した冊子に記入したりしています。閲覧用の机は満席に近い状態となりました。

2日目の朝に行ったことは、閲覧用の机と椅子を増やすことでした。とくに展示にたくさん使ったので机が足りません。

「これ借りてもいいですか」と、会議室や事務室、休憩スペースにある机を集めていきました。机を強奪して歩き回っているような印象でした。

ちなみに神奈川県立川崎図書館は9時開館ですが、社史フェアの開場は10時にしておきました。毎朝の通常業務の負担を少しでも減らしたかった配慮ですが、その日の準備にあてられるという点でも正解でした。

そして2日目の開場。しかし、人はちらほら程度。机を増やすこともなかったのかなと思いましたが、午後になると昨日に増して多くの方が来場し、ほとんどの方は2、3時間をかけて調査されていくので、増設した座席も満席になりました。

勝手な推測ですが、午前中、東京や横浜の職場で働いてから、どこかで昼食をとったのちに来場し、午後に調査をするという方が多いように感じました。14時から15時頃が混雑のピークになります。

数名でいらしている方は、社史の編纂に携わっている方でしょう。社史のページをめくりながら話し合っている姿もよく見かけました。「こういう光景をイメージして企画していたんだよなあ」という達成感が湧いてきました。

ある社史編纂協力会社の方から「これは、神奈川県立川崎図書館だからこそ、可能な企画ですね」と声をかけられたことも記憶に残っています。

3日目の朝も「この机、借りてもいい」と強奪を続け、机と椅子をさらに増やしました。午前中は来場者がそれほど多くなくても、午後には満席になるパターンもわかってきました。

結局、1日目（水曜日／午後のみ）は26名、2日目（木曜日）は36名、3日目（金曜日）は41名の方が訪れました。数字だけ見ると、さして多くはないように感じるかもしれませんが、この人数の大半の方が、数時間滞在されているのです。近刊の社史を知りたいという目的をもって来場される方がほとんどで、通りすがりに立ち寄られたという方はごく少数であったという印象です。

来場者へのアンケートには「社史フェアの定期的な開催（社史フェア2015）を期待しますか？」という設問をしました。「する／49件」「しない／0件」「どちらともいえない／1件」となり、惜しくも満票にはなりませんでしたが（野球でいえば、完全試合は逃したけれど、ノーヒット・ノーランくらいでしょうか)、手応えを感じました【註7】。

(2) 社史フェア2015【2年目】

社史フェア2014は「成功」といえそうなので、社史フェア2015を開催することにしました。前年の経験もあるし、すこしは余裕をもって準備ができます。AさんとMさんも、ずいぶん社史に詳しくなっていました。

私は「去年の型を崩したい」と思いましたが、1年目が準備に時間のなかった分、シンプルにまとまっていて崩す余地はなく、ほとんど同様のスタイルでの開催となりました。AさんとMさんには「2年目で型を崩さなくてもいいのでは」と、ごもっともなことを言われました。

変化を加えたのは社史の説明パネルくらいです。

文量を70字程度から100字程度に増やしました。また、社史を見ていて説明パネルに記載する内容ではないけれど、気に入った箇所や小ネタなどを吹き出し風のPOP用紙に手書きして、説明パネルの脇に貼り付けました。

さらに1年目に「縦書きの社史はどんなものがありますか」という質問をよく受けたので、縦書き

社史フェア2015では説明パネルに手書きのPOPを付けて展示しました。

（↓）・横書き（→）のマークを付けました。加えて、英文併記や、索引の有無のマークを付けることにしました。これは、配布用の冊子にも加えました【註8】。

1年目の広報では「初の社史フェア開催」を前面に出しましたが、2年目は前年の実績や反応をもとに広報を進めていきました。

社史フェア・ロゴコレクション②

2nd
SHASHI FAIR 2015
2015.6.24▶6.27
Kanagawa Pref.
Kawasaki Library
社史という日本の文化を支えます。

社史フェア2015

ここに掲載しているものは「2nd」となっていますが「2th」と偽英語を使ってしまったものもあります。毎年、2、3種のバージョンのロゴを作っています。

ある社史関連のセミナーでは、受講者全員に社史フェアのチラシを配布してくれました。私も会場の後方の席に座っていましたが、多くの企業の方々が興味深そうに自分の作ったチラシを手にしている姿を見て、こうした場所で紹介できたことや、必要な方に情報を届けられた嬉しさなどから、ちょっと目がうるっとしました。

館内では、部署を超えて、社史フェアのTシャツを着てくれる同僚が増えました。事業部の司書だけでなく、事務担当の職員（管理課）からもTシャツを欲しいという要望があり、図書館をあげて社史フェアを盛り上げよう、という空気も感じました。こちらにも目がうるっとしました。

ちなみに1年目の経験を踏まえて、毎朝、事務室等の机を強奪しなくて済むように、最初から閲覧用の机を十分に確保（強奪）しておきました。

廊下にも椅子だけ並べておきました。1年目に、椅子の置き場がないので、なんとなく廊下に置いておいたところ、小休憩や、同行者との打ち合わせなどに役に立つスペースとなっていたからです。私が取材対応をするときや、立ち話では悪いかなという相談を受けたときにも利用できる便利な場所となりました。

2年目ということもあり、すこしは社史フェアの存在が広まったからか、1年目以上に多くの方に来場していただきました【註9】。

社史フェア2015の会場の様子（その１）

1日目（水曜日／午後のみ）42名、2日目（木曜日）52名、3日目（金曜日）76名と、いずれも、前年を上回りました。とくに3日目の午後は会場の収容能力を超えていた気がします。

来場者がさらに増えたこと以外は、1年目と同じような感じでした。ただ、変化を感じたのは、会場をうろうろしている私に声をかけてくださる方が増えたことです。

2年目ということで、会場の空気にもなじみ、社史に関する知識もいくらか増えているので、こちらにも落ち着きや自信が出て、話しかけやすくなっていたのかもしれません。私も、みなさんとお話ししたい雰囲気を出していたと思います。名刺もたくさん必要になりました。

さて、社史フェアではアンケートを書いていた

社史フェア2015の会場の様子（その２）【註10】

だいています。１年目のアンケートで「土曜、日曜も開催してほしい」という要望を数件いただいたので、２年目は土曜日も開催しました。

結果、４日目（土曜日）は33名の来場。平日と違い、短時間だけ見て帰られる方も多く「要望があったわりには、会場にいて暇ですね」くらいの感触でした。やはり社史のイベントは出張での利用が多く、土曜日は来場しにくいのでしょう。

私は上司と「来年からは土曜日の開催は見合わそうか」と検討もしていましたが、アンケートには「平日に来る予定でいたが、業務の都合で来られなくなった。今年は土曜日も開催ということで助かった。毎年続けてもらいたい。」という記載も見られました。仕事に限らず、いろいろな方に社史を見に来場していただきたいという気持ちはあるので、結局、３年目も土曜日の開催を続けることになります。

1年目の様子を見ると社史フェアの会場にいらしても、社史室には立ち寄らず帰られてしまう方が多いようでした【註11】。4階の社史室にも足を向けてもらえるよう、社史フェアの会場に社史室にも誘うような掲示物を何枚も貼りました。同時に、社史室内にある、ごく小さな展示スペースでは、装丁のユニークな社史を展示し、そのこともPRしました。社史室の新規の利用者の開拓につながれば、目的達成です。

以下、社史フェア2015のアンケートでいただいた感想（自由記入欄）から、いくつか紹介します。

「日本でも社史フェアを開催しているのは、こちらだけだと思います。今後とも続けてください。」

「説明付きで、平置きにされているので手に取りやすかったです。」

「書棚に背表紙を見られる形で並んでいると、装丁のデザイン等に目を向けることはあまりないが、平置きで見ると、それぞれの個性というものが見られておもしろいと思いました。」

「去年も閲覧させていただきましたが、最近の社史のトレンド等を知る上で、大変参考になりました。」

「近年発行の社史を一覧できるのは非常にありがたい。業界の違い、周年の違い、また発行に際しての各社の考え方など、まとめて展示することにより比較が容易になった。」

「是非、今後も続けて、多くの社史を集めてください。社史の裏には数々の人間の努力が含まれているので、単なる歴史事実よりも貴重です。」

「社史制作にあたり他社の社史を見ることはとても参考になります。しかし、なかなか他社の社史を手に入れることは難しく困っていました。今後も社史室を利用させていただきたいと思いました。」

好意的な感想ばかり選んで載せているように思われるかもしれませんが、1年目、3年目を含め、社史フェアで批判的な意見はほとんどいただいていません。なにより、開催自体に感謝、が根底にあるようです。

こうした皆様の声は、スタッフ一同のモチベーションになっています。

(3) 社史フェア2016【3年目】

まず、社史フェア2016に対して寄せられたアンケートの記載から。

「年ごとに充実して盛会となっていて、また展示方法にも工夫がみられて、行事としてすっかり定着していると思われます。今年の会場レイアウトはとてもいいです。」

ありがとうございます。

1年目、2年目は、私と、Aさん、Mさんの3人で大部分を担当してきましたが、すこし風を変えたかったので、Mさんには社史以外の仕事を割り振って、「社楽」の校正でお世話になっているOさんと、その年度から入ったFさんが社史フェアを担当することになりました。

3年目になると、恒例の作業という感じで慣れは出てきています。ただ、やはりなかなか型は崩せません。せめて直前の設営くらい、もっと手際よく行えるかなと思っていましたが、火曜日の朝からはじめて翌日の午前中まで一日半は、どうしても準備に要するようです。

3年目に少し変化を持たせた点は、「気に入った社史を教えてください」と、来場した方に投票用紙を配ったことです。あまり「投票」を前面に出したくなかったので、来場者は配られた紙を見て「投票もしているんだ」と気がついた程度でしょう。

社史グランプリ（2章）以降、「社史の投票を、またやらないのですか」と、しばしば声をかけられていました。そうした方のお話しを聞くと、投票をしたいというより、どんな社史に人気があるの

社史フェア・ロゴコレクション③

SHASHI FAIR 3rd 2016

Kanagawa pref. Kawasaki Library
2016.6.22▸25

社史フェア2016

これまで四角が多かったので丸を基調にしました。「だんだんデザインのセンスがよくなっている」とAさんに褒められました。

社史を見つつ吹き出しのPOPを書いている私。

かを知りたいようです。それなら、社史フェアの会場でやってみようかな、と実施に至った次第です。投票用紙には、社史グランプリのときと同じように「ほめポイント」の記入欄を設けました。

過去2年の開催では、自社の社史を見に来る方も、時折見かけました。そうした方は自社の社史に票を投じたくなるでしょうが、それだと選んで投票をする面白みが薄れるので、投票用紙は来場者に2枚ずつ配りました【註12】。

投票は任意でしたが、最終的に144票が集まりました。対象が200点以上あったので、票は特定の社史に集中することなく58社の社史に分散していました。最多得票はモトックスの『1st Vintage』（7章参照）の10票でした。上位3社の社史が縦書きであったことは、やや意外でした。

社史フェア2016の開場前のひとコマ。なかなか壮観です。

縦書きの社史は、社史フェア２０１６では、全体の2割程度ですが、見やすさでは利点があるのかも、と思いました【註13】。

寄せられたコメントは、社史の構成、デザイン、内容、個人的な興味などに関するものが多かったです。

中には次のようなコメントもあり、人によって目の付けどころは違うものだと感心しました。

「社史の既成概念を気持ちよく壊してくれている気がした。」

「社史というよりはカタログに近いのですが、それを割り切ってアプローチしています。」

「業績資料も散りばめられ、ビジネススクールの教科書のような仕上がり。読ませる社史のお手本のような構成。」

「歴史をきちんと残そうとする姿勢を特に感じた。会社は社会の一部だという考えが伝わってきた。」
「見出しが全て2文字の漢字になっている。見出しのオーラをあえて消している。」
「装丁、ビジュアルが美しい。読みたい気持ちにさせる。働く社員への愛が感じられる。」

どんな社史か見たくなりませんか。想像力をかきたてるため、この本では、あえて書名を書かないでおきます。「社楽」57号（2016年8月）で社史フェア2016での投票のコメントを特集しているので、そちらをご覧ください。

皆様からのコメントを拝見しつつ、社史の品評会みたいだなとも感じました。4年前の社史グランプリのときより、編纂に携わっている立場での「通」なコメントが増えているような気がしました。

社史フェア2016の来場者は、1日目（水曜日／午後のみ）50名、2日目38名（木曜日）、3日目（金曜日）52名、4日目（土曜日）42名の、合計180名でした。前年と比べると、トータルでの来場者は約1割減っていますが、何事も右肩上がりになるわけはないので、人数の増減にはあまり敏感に反応しないことにします。

過去2回は、平日の午後に来場が集中していましたが、来場者は、午前・午後、土曜日と、いくらか分散していました。ホームページ等では「平日の午後は混むので、平日の午前、または土曜日が落

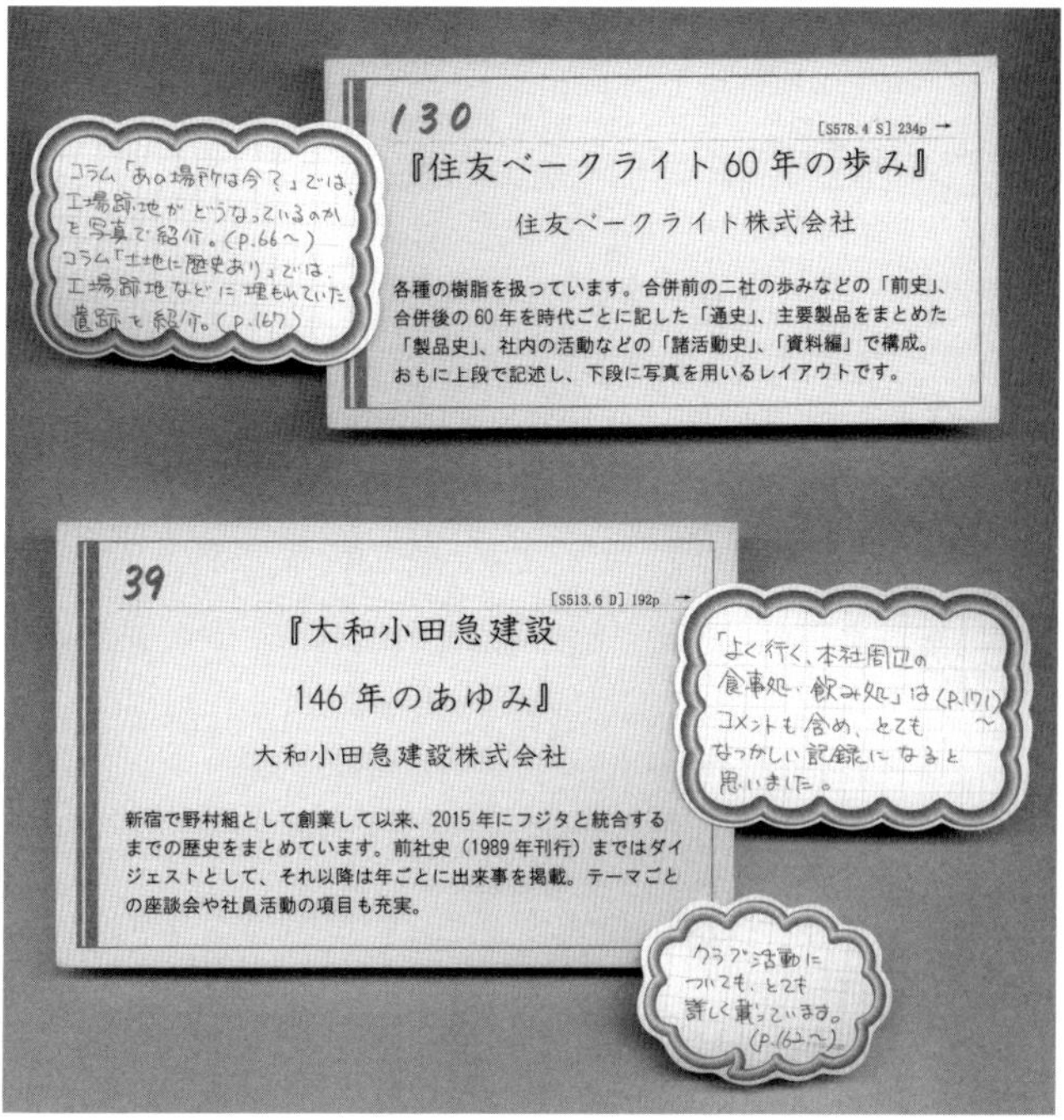

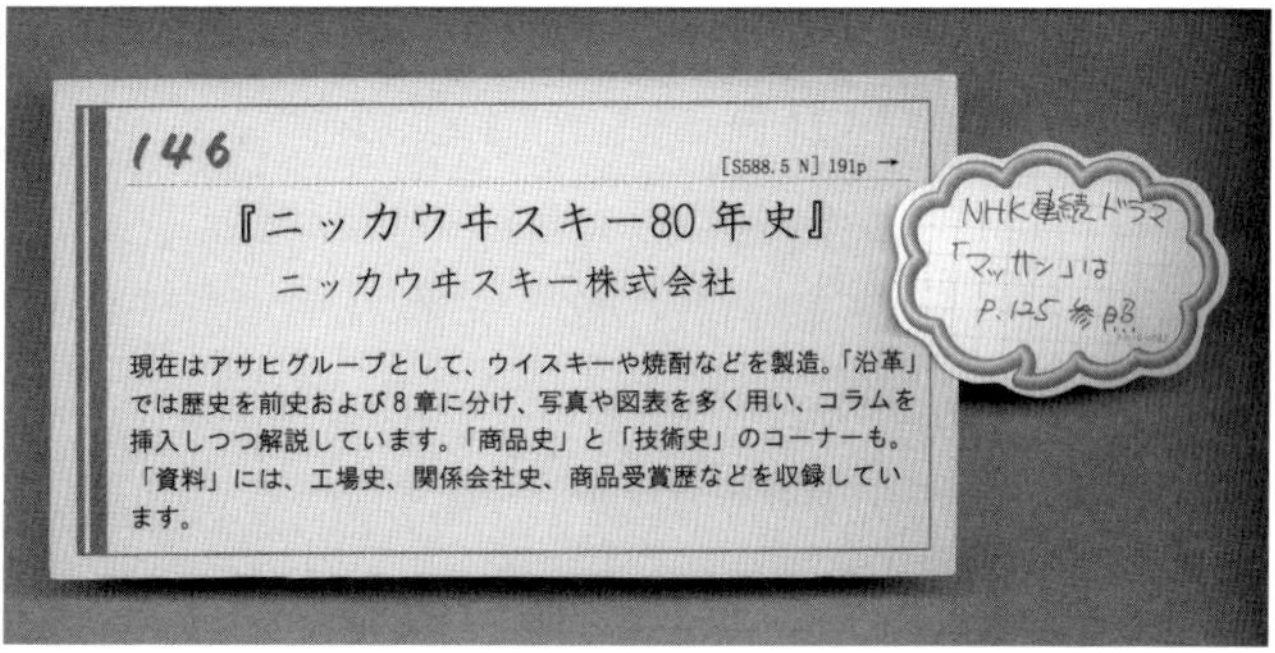

社史フェア2016の説明パネルと吹き出しのPOPの例。POPは全部に付けたわけではありません。

ち着いて閲覧できます」と促していました。皆様も社史フェアの様子がわかってきて、時間帯を選びながら、来場されるようになったのかもしれません。

回収したアンケートでは、東京都からいらした方が約6割、神奈川県からいらした方が2割強、その他が1割くらいです。その他の内訳は、北海道、静岡県、愛知県、大阪府、兵庫県、福岡県、となっています。

社史フェアとあわせて、社史室に立ち寄られる方も増えました。社史フェアの会場で社史室について質問されることも多く、説明や案内をする機会も増えました（百聞は一見にしかずで、2階ほど階段を登っていただければいいのですが。エレベータは無くて申し訳ありません）。社史フェア2016の期間中には、社史室でも各日30名前後の入室が記録されています【註14】。

社史フェア2015からはじめた吹き出しのPOPも好評で、

「限られた時間の中で本を閲覧する際に、ポップアップの紹介は大変助かった。」

「コメントが付けられているのが非常に参考になった。小冊子も素晴らしい。」

「所々にある吹き出しコメントがとてもよかった。」

などの声もいただいています。POPは、ほぼ私とAさんで書いたものです。

（4）渋谷で社史フェア【3年と2週間目】

2015年頃から、朝日新聞社のメディアラボという部署の安藤翔一さんから、「何か一緒に社史のイベントをやりたいですね」と、講演会の共同開催など、いろいろな提案をいただいていました。また、私からも（思いつきのレベルで）「社史フェア2016を終えた後、そのまま一式、箱詰めして翌週に大阪かどこかで開催しては」などと、ずうずうしく提案していました。

そうした、やりとりの末、東京の渋谷（メディアラボ渋谷分室）で開催してみては、というプランが実現味を帯びてきて、2016年の3月に企画書を出し、職場の許可を得ることができました。

とうとう、東京進出。それも、渋谷です【註15】。

7月8日（金）、9日（土）に「社史フェア in SHIBUYA」（主催：神奈川県立川崎図書館／後援：朝日新聞社メディアラボ）の開催が決まりました。

貴重なコレクションとはいえ、社史室で普通に書架に並んでいる本です。単独の図書館が所蔵する近刊を、フェアというかたちで、都心に出張して展示する例は、ほとんどないと思います。

まず、渋谷での開催まで、私が考えていたことを書いておきます。

社史フェア2016の直後に、さして離れていない場所で、同じことをするだけでは、来場者が分

社史フェア・ロゴコレクション④

社史フェア in SHIBUYA

川崎で開催していると勘違いされないように、「渋谷」での出張企画がわかりやすいように留意しました。

散してしまう懸念があります。むしろ、都心に勤めている方は「渋谷でもやるなら、川崎まで行かなくていいや」となるでしょう。神奈川県立川崎図書館の利用を促したい立場として、それは、あまり好ましいことではありません【註16】。

開催の時期をずらせばいいのですが、社史フェアのために展示する社史を確保したり、説明パネルや掲示物などを準備したりするのは、けっこう手間がかかります。あまり間隔をあけたくなかったので、社史フェア2016の2週間後に開催することにしました。

渋谷の会場には下見に行きました。神奈川県立川崎図書館とは比べられないくらい明るくてきれいな空間でした。ただ、神奈川県立川崎図書館のホールほど、机はたくさんないし、自由に並べられるわけではないので、社史フェアのように約200点を平置きするのは難しそうです。

内容の差別化とスペースの都合から、社史フェア2015と社史フェア2016で展示した社史（計、約400点）から、特色のある100点の社史を選んで、渋谷で展示することにしました。いわば、社史フェア2回分のダイジェスト版です。

私は、社史フェア2015で使った説明パネルを「もう使うこともないだろう」と残しておくつもりはありませんでした。しかし、Mさんが「何かで使うことがあるかもしれないから」というのでダンボールに詰めて書庫の片隅に置いておいたのが、役に立ちました。

よって、展示にともなう説明パネルの番号の付け替えや、冊子に掲載するための順番の変更などを除けば、大きな手間はかからなかったといえます。

社史フェア2年分の400点の社史から100点に絞るのは、けっこう悩みました。Aさんの意見を聞いたり、社史フェア2016での投票を参考にしながら、特徴のあるものをピックアップし、全体のバランスなどを考えて選んでいきました。

次に広報が課題になります。

神奈川県立川崎図書館で大々的に「渋谷で社史フェアを開催します！」とアピールすると、やはり川崎で開催する社史フェア2016の影は薄まりそうです。2つの告知が並んでいるのをパッと見て、6月の川崎での開催は2015年刊行の所蔵社史の約200点を展示、7月の渋谷の開催は社史フェア2015と2016に展示した社史から選んだ100点を展示、というのも、自分で書きながらわかりやすいと思えないくらいなので、混乱が生じそうです。よって、神奈川県立川崎図書館として渋谷での開催を積極的に広報するのは、社史フェア2016の開催日以降としました【註17】。

その分、社史フェア2016の会場では、チラシの配布などで、渋谷での開催をアピールしました。「同僚やお知り合いで来場できなかった方がいらしたら、ぜひ渋谷で開催する社史フェアにいらしてください」という意味合いもありました。社史フェア2016の会場では、「渋谷での開催は、どういった内容なのですか」など、よく問い合わせを受けました。

社史フェア2016の開催中からの2週間は、館内やホームページで渋谷での開催の広報を進めました。

ホームページを作成するとき、原案では「社史フェアを、若者の街「渋谷」で開催します！」としていましたが、ありきたりなフレーズかなと思って、「社史フェアを、流行の発信地「渋谷」で開催します！」に変えました。このほうが、社史が流行っぽく見えるかなという思惑です。渋谷が流行の発信地というのは私のイメージですが。

開催する週の火曜日に、社史や小物をダンボール10箱に詰めて、渋谷の会場に宅配便で送りました。木曜日の夕方から設営をはじめ、金曜日に開催というスケジュールにしました。

木曜日の夕方、私とHさんで会場に行ってダンボールを開け、準備をしていきました。やはり、私の性格か、事前に何をどう並べるのかは、ほとんど決めていませんでした【註18】。

100点の社史は、本棚3棚に収まる量です。「平置きにこだわらず、立てて並べた状態で社史を置くだけなら造作もない。とにかく置いてみよう。その上で、余ったスペースに見やすさを考えて広げていって、説明パネルなどを並べていこう」と、漠然と考えていました。

現場で臨機応変に対応できるように、ブックエンド（本を立てるストッパー）や本の展示のための用具など、会場になさそうなものは、なるべくきれいなものを集めてダンボールの隙間にたくさん詰めて送ってありました。

結局、机の配置を含めて、Hさんと相談しながらその場で考え、平置きは基本的にしないことにして、5冊から10冊くらいをひとつのかたまりとして社史を展示していきました。やっと平置きを基本とする社史フェアの型を崩せた気分でした。

作業をはじめてから3時間程度で、ほぼ展示のかたちはできていました。

社史フェア2016で投票していただいた結果は、渋谷の会場で発表することに決めていました。1位から3位までの社史は目立つように並べ、いろいろな社史にいただいたコメントの一部を掲示しました。

安藤さんが手配してくれた季節感あるポスターも、会場を盛り上げるのに一役買っていました。もちろん、神奈川県立川崎図書館の社史室の紹介や、社史の寄贈のお願いなどの掲示物は、会場の各所に貼っておきました。

渋谷の街が大きな窓からよく見えました。

金曜日。会場ではBGMも流せるというので、安藤さんに落ち着いた曲を流してもらいました。準備完了、開場です。

10時に開場して、昼が近づくつれ、だんだんと来場者が増えていきます。

会場内には講演を催せるスペースもあります。午後には、社史ができるまで講演会（17回目）でも評判がよかった医学書院の金原俊さんに『医学書院の70年』の編纂に関する講演をしていただきました。その前後に来場者がピークになりました。初日は38名の方に来場していただきました。川崎での社史フェアと同様、社史の編纂業務に携わっている方が大半だと思います。社史を持参して寄贈してくださった方もいらっしゃいました。ありがとうございました。

神奈川県立川崎図書館の会場とは、かなり様子が異なります。

2日目の土曜日。夕方まで時折、強い雨の降る天気でした。

仕事以外の目的での来場者も期待しての土曜日の開催です。ただ、この本でもすでに書いてきたように社史関連のイベントは、土日に開催してもあまり人が集まりません。朝日新聞社の広報力と、渋谷という場所とで、「どうなるのか」というところです。

午前中には、私が展示社史の「見どころガイド」を話しました。午後にも数名の団体の方がいらしたので、即興で最近の社史をテーマにした解説をしました。土曜日の来場者数は25名、やはり平日に比べれば、ちょっと寂しくもありましたが、二十代くらいの方が数名、熱心に社史をご覧になっている姿が印象的でした。アンケートで来場の

真ん中のボードで投票結果を発表しました。

目的には「卒業研究の取材」という記入もありました。2日目は、とくに神奈川県立川崎図書館での社史フェアとは、やや客層が違うなあ、と感じました。

社史フェア2016にも来場された方からは「展示数が限られているのが寂しい」という意見をいただきました。一方で、他の方から「川崎での社史フェアではたくさんの社史が並んでいて迷ってしまうけれど、ここは適度な量なので見やすい」と声をかけられました。難しいところですが、全点を展示する川崎での開催と、ダイジェストでの渋谷開催の、短所と長所が出たのだと思います。

会場でのアンケートの設問「社史フェアの渋谷への出張をどう思いますか」では半分くらいの回答が「職場（自宅）から近くてよかった」という

医学書院の金原俊さんの講演の様子。

内容でした。

仕事で時間がとても大事なことはわかりますが、一応、宣伝します。渋谷とは比べられませんが、川崎も都心からのアクセスのよい立地です。おまけに社史フェアの開催中も開催日以外も、社史室を利用できるメリットがあります。念のため。

アンケートの設問「神奈川県立川崎図書館の社史室を利用されたことはありますか」では、「利用している」が約半数、「知っていたけど利用したことがない」が約3割、「知らなかった」が1割強くらいでした。

認知度が高くて嬉しいというわけではなく、渋谷に出張しての開催ということを考えれば、「知らなかった」の割合を、もっと増やして認知度を上げる機会にしたかったというのが本音です。

ほかにアンケートの自由意見欄には「カフェみ

たいな雰囲気で、リラックスして拝見することができました。」「設備も神奈川県立川崎図書館よりよいと思います。」など施設に対する感想も何件かいただきました。そのとおりです。すぐに対応できることではありませんが、会場を変えて出張開催したことによって気がついた点もあるので、アイデアでカバーできることは、今後、反映していきたいと思います。

いずれにせよ、神奈川県立川崎図書館の社史が、渋谷で展示できるようになりました。5年前にはまったく考えていなかったことです。いままでの積み重ねが実を結んだ一つの結果と、自分に二重丸です。

読む註

（1）

【註1】この企画書の時点で「社史フェア」という名称を使っていました。２０１３年刊行の社史を対象にするから「社史フェア２０１３」とするべきか、２０１４年に開催するから「社史フェア２０１４」とするべきかは迷いました。結局、後者を採択しました。

【註2】なんとなく自分では言い出しにくかったので、誰かが「Ｔシャツを作れば」といってくれるのを期待していました。Ｋさん、ありがとうございます。ちなみにＴシャツは、有志が自費で作ったものです。

【註3】神奈川県立川崎図書館の年史を紐解くと、過去に、絵本の展示会や、情報機器の展覧会などをやっていたことはあるようです。

【註4】ＤＶＤやＣＤなどの電子媒体が付いている社史は1割程度で、ここ数年、顕著な増減はありません。年々増加していると思われている方も多いようですが、そうした傾向は感じません。さらに冊子の付録がほとんどで、電子媒体単体で刊行されたものは、数えるくらいです。内容は、映像をメインとしたもの、社史の本文をＰＤＦや電子ブックとして収録したもの、それらを組み合わせたものなどがあります。社史フェアで解説文を書く作業は、電子媒体の社史に目を通す機会にもなっています。

【註5】展示している社史を、準備段階から詳しく見ていたのは、私とＡさんとＭさんの3名だけでした。他のスタッフのマーキングは、私から見ると、いささか腑に落ちないものも多く、この試みは1回のみで終了にしました。

【註6】こうした利用は、この年の社史フェアに限らず、しばしば見かけています。社史フェアでの

展示を喜んでいただけているのだとしたら、とても嬉しいです。

【註7】 手応えに間違いはありませんが、敢えてうがった見方をすると、社史フェアの来場者に今後の開催を聞いても、社史に関心のある方が多いので「開催を希望する」が多くなるのは、当たり前ともいえます。ビジネス系の講演会に来場した方に「今後、どのようなテーマの講演会を希望しますか？」と聞けば、哲学や文学よりビジネスと回答する方が多くなるのと同じようなことです。アンケートの設問の仕方も奥が深いのです。

（2）

【註8】「社史編纂協力会社はどこが多いですか」という質問もしばしばいただきますが、あまり宣伝色が強くなるのは嫌なので、説明パネルや冊子には書かず「社史の巻末を見て調べてください」と答えています。

【註9】 2年目は、初日の午前中、メディアへの内覧会にすると広報していましたが、残念ながら反応はありませんでした。とくに需要もなさそうなので、3年目はやめました。

【註10】 広報・記録用の写真を撮ることは、配布したペーパーに書いているし、撮影前にも声をかけていますが、たいてい数名の方のお顔は写ってしまうのです。事前に断わっているとはいえ、やはり正面からのお顔が写った写真は使用しにくくなります。前ページのように皆さんが後ろを向いてくれている写真が撮れていると「奇跡の写真だ」と喜んでいます。このページ写真は、わずかに正面からのお顔が写ってしまっている方がいたので、少し「ぼかし」を入れた上で掲載しています。

【註11】 社史フェア2014のアンケートでは、社史室を「利用している」が約5割で、「知っていたけど、利用したことがない」と「今回まで知らなかった」がだいたい同数でした。「利用している」方はいいのですが、そうでない方には、ぜひ、この機会に社史室にも立ち寄ってほしいものです。

（3）

【註12】投票用紙は、会場を覗きに来た同僚にも渡していました。日頃、社史に接する機会の少ない職員も、投票となると、多少の責任感を感じているようです。会場をざっと眺めて終わりではなく、丹念に社史を見ている姿が印象的でした。

【註13】「縦書きにしたいけれど、グローバル化の時代なので、英文を注記したい。どうすればいいのだろう」や「英文を併記する際にレイアウトが難しいのでは」などと、相談を受けたこともあります。「こんな社史もありますよ」と、イメージに沿った社史を探すお手伝いをすることはできますが、さすがに私より、編纂や印刷の会社のほうがノウハウをたくさん持っているでしょう。

【註14】社史フェアに限らず、この本を通じて書いてきた活動によって「社史室の入館者数はこんなに増えました」と数値で示したいところです。しかし2014年度の冬に入館者をカウントする1階のセンサーが壊れてしまい、1階に比べれば利用の多くない社史室のセンサーを「使っていいよ」と気前よく譲りました。以降、社史室の入室者は「正」の字を書いてカウントしていますが、人は「正」の字を書き忘れることもあるし、センサーほど過敏ではありません。「おかしいな。感覚的に社史室の利用は増えているし、席も埋まっていることが多いのに、なぜか前年と比べると入室者数は減っている」となってしまいました。ちなみに現在は1日十数名程度の来室です。

（4）

【註15】ただし、川崎駅から渋谷駅は、電車で30分程度の距離だし、私自身も渋谷を通る電車の沿線に住んでいるので「東京」や「渋谷」にあこがれを感じるというレベルではありません。神奈川県は最も東京を特別視しない県民性と、何かで聞いたことがありますが、私個人は納得しています。

【註16】当たり前のことですが、神奈川県の住民や法人の税金で運営されている図書館なので、神奈

川県での開催を優先して考えます。ただ、東京都をはじめ全国の企業から社史を寄贈していただいているし、神奈川県に社史を集めている図書館があると知っていただけるなど、出張開催には大きなメリットがあります。

【註17】 ６月上旬には朝日新聞で告知されていたので、すでに多くの方がご存知でした。朝日新聞社メディアラボ渋谷分室が会場なので、たぶん他紙は載せてくれないだろう、と判断してマスコミを通した広報はさぼっていました。出版系の団体や、都内の各種の図書館などに情報提供して広報を進めてもよかったかなと、あとから思いましたが、その頃は、社史フェア２０１６の準備で手一杯でした。

【註18】 前日の準備は私とＨさん、初日は私とＡさん、２日目は私とＯさん、夕方から片付け要員でＨさんが加わりました。神奈川県立川崎図書館も開館しているので二人抜けると、かなり負担をかけてしまいます。人員的に私一人で対応できた時間帯も多かったのですが、はじめての出張開催で

どうなるかわからなかったので、余裕をもって二人での対応でよかったと思います。控え室に使わせていただいた小さな畳の部屋の居心地がやけによかったと、今回担当したスタッフは口を揃えていいます。

7章 社史を紹介「社史の図書館から」

2015年には、東洋経済オンラインに「社史の図書館から」という連載を7回ほど書かせていただきました。

「社楽」を読んで気に入りました、ということで執筆の依頼があったと記憶しています。ビジネス雑誌のWeb版に連載をする公共図書館員は、ほぼいないでしょう。光栄に感じると同時に、いろいろなことが、つながってきたような気がしました。

社史フェア2014のアンケートでは「ビジネス系の雑誌で取り上げてもらうように働きかけるなど、もっと積極的に貴館の存在をPRしては」といった内容の感想がありました。「そうはしたいのだが、どうすればいいのやら」と、いくつかビジネス系の出版社にチラシを送ったりはしていました。連載では、社史フェアの紹介もできたので、願いがかなったともいえます。

媒体の性格からして、神奈川県立川崎図書館の社史室を知ってもらいたいビジネスマンにダイレクトに情報が届くのは、ありがたかったです。実際、「東洋経済オンラインで知って社史室に来ました」という声は、連載時も現在も、よく耳にしています。

東洋経済オンラインでは「カルチャー」という部門での掲載でした。連載初回時（２０１５年4月18日）には、たまたま「社史の図書館から」の見出しと「フィギュア国別対抗戦、日本2位スタート」という記事の見出しが並んで掲載されていました。羽生結弦選手が演技をしている写真の隣で、場違いな感じでしたが、職場で自慢していました。

「社史の図書館から」では、かねがね、もっと世間の皆さんに知っていただきたいと思っていた社史を何冊か紹介することができました。

この章では、連載で取り上げた中から『ＫＩＳＥＫＩ』（アクセンチュア50年史）、『コミーは物語をつくる会社です。』、『千島土地株式会社設立１００周年記念誌』を転載します。また、その後も連載が続いていたら、こんな記事を書いたであろうというイメージで『医学書院の70年』、『1st Vintage』（モトックス１００年史）を追加しました。さらに、鹿島建設で社史を担当されている小田晶子さん、『日本水産百年史』の元編纂室の皆さんへの取材記事を掲載します。

社史ができるまで講演会で取り上げた社史も多いので、講演での内容を交えながら書いていきます。4章で個々の講演については、ほとんど触れませんでしたが、この章を読めば少しは内容が伝わるのではないでしょうか。

振り返ると、新聞への連載「社史をひもとく」（2章）は、社史に書かれた内容を紹介することに終始していました。社史室から情報発信している「社楽」（5章）は、さまざまな角度から社史や社史室の魅力を伝えられるように心がけています。そして今回の「社史の図書館から」では、1冊に向かい合って、作り手の意図のような部分にまで踏み込みながら書いています。媒体によるコンセプトの異なりを踏まえた書き分けもできるようになっていて、いくらかスキルアップしたかなと感じました。

（1）『KISEKI』（アクセンチュア50年史）

「この社史、とっても工夫されている！」と感じ入った社史を紹介します。外資系の大手総合コンサルティング企業のアクセンチュアが日本進出50周年を記念して作成した『KISEKI Accenture Japan 1962-2012』（2013年刊）です。神奈川県立川崎図書館の催事「社史フェア2014」でも展示し、多くの方が興味深くご覧になっていました。

『KISEKI』を手にしたとき「外資系でしっかりした社史なんて珍しいなあ」と思いました。デザインのセンスがよく、すっきりしていて見やすいというのが私の第一印象です。

ぱらぱらとめくっていくと、ページの左右に配置した囲み記事のコラム（Did you know?）についつい目がいき、そこから本文に誘われていきます。たとえば「アーサーアンダーセン アンド カンパニー」として日本に事務所を創設した1960年代のページだと、アンダーセンに就職したと言ったら名前が似ているパン屋に間違えられた、といったというエピソードの囲み記事が出ていて、その頃、コンサルタントという業務自体に馴染みが薄かった背景を知ることができます。

囲み記事の内容は、エピソードだけでなく、社内事情、用語解説などさまざまで、ほぼ1ページにひとつくらい掲載されています。また、本文や囲み記事と関連する、学者・経営者・芸術家などの著

『KISEKI Accenture Japan 1962–2012』（222p）
内容は同じですが、表紙の色は6色あります。

名人の名言も散りばめられています。関連した写真も随所に配置されていて、例えば当時の事務所の写真であれば、地図も一緒に載せられています。

ほぼすべてのページ下段の余白には、社員・役員らが経営や仕事について語った言葉が出ています。

「〈社員から受けた印象的なアドバイス〉仕事の成長は雪ダルマ方式のようである。いかに初めに早く成長できるかによってその後の仕事人生は変わる。（匿名）」、「ビジネスはつねに革新と現実のギャップの中にあると認識して欲しい。夢や理想ばかり追うことしかなく、しかも現実に流されることもなく、つねに両方を視野に入れておくことが大切です。（程近智、1999年6月）」といった短い文章です。程氏は社史編纂時の社長です。

興味深かったので下段だけ見ながらめくっていくと、章末のページのみ、当時の物価が例示されていました（1962年、山手線初乗り運賃10円、銭湯の入浴料19円……など）。本文に書かれた、その当時の金額の目安をつかみやすくする配慮でしょう。

本文の節や項目のタイトルには必ず英文が添えられています。例えば前史の冒頭の項目だと「"King Arthur and His Accountants"―アーサー・アンダーセンとその信念」という具合です。この英文は「あとがき」によると「楽曲・映画・小説のタイトルから引用」したと書かれていました。「この英文は何が元ネタだろう。〈アーサー王と円卓の騎士〉をもじったのかな」と、ちょっと考えてしまうのです。

こんな感じで、私はこの社史の工夫を見つけていくのが楽しくなっていきました。

全体の構成を見ていくと、各章の扉にその時代の様子が一目でわかる写真（第1章の1960年代なら当時の東京タワー）を見開きで載せ、章題のほか、章の内容を示すコピーの文字（第1章は「始まりはゼロから。若き7人の跳躍。」）を大きなフォントで配置しています。

その次のページが、各章の時代の年表になっています。年表は巻末にまとめている社史が多い中、めずらしい配置だなと思いました。章ごとにイメージカラーを設けるなど、見やすさへのこだわりも

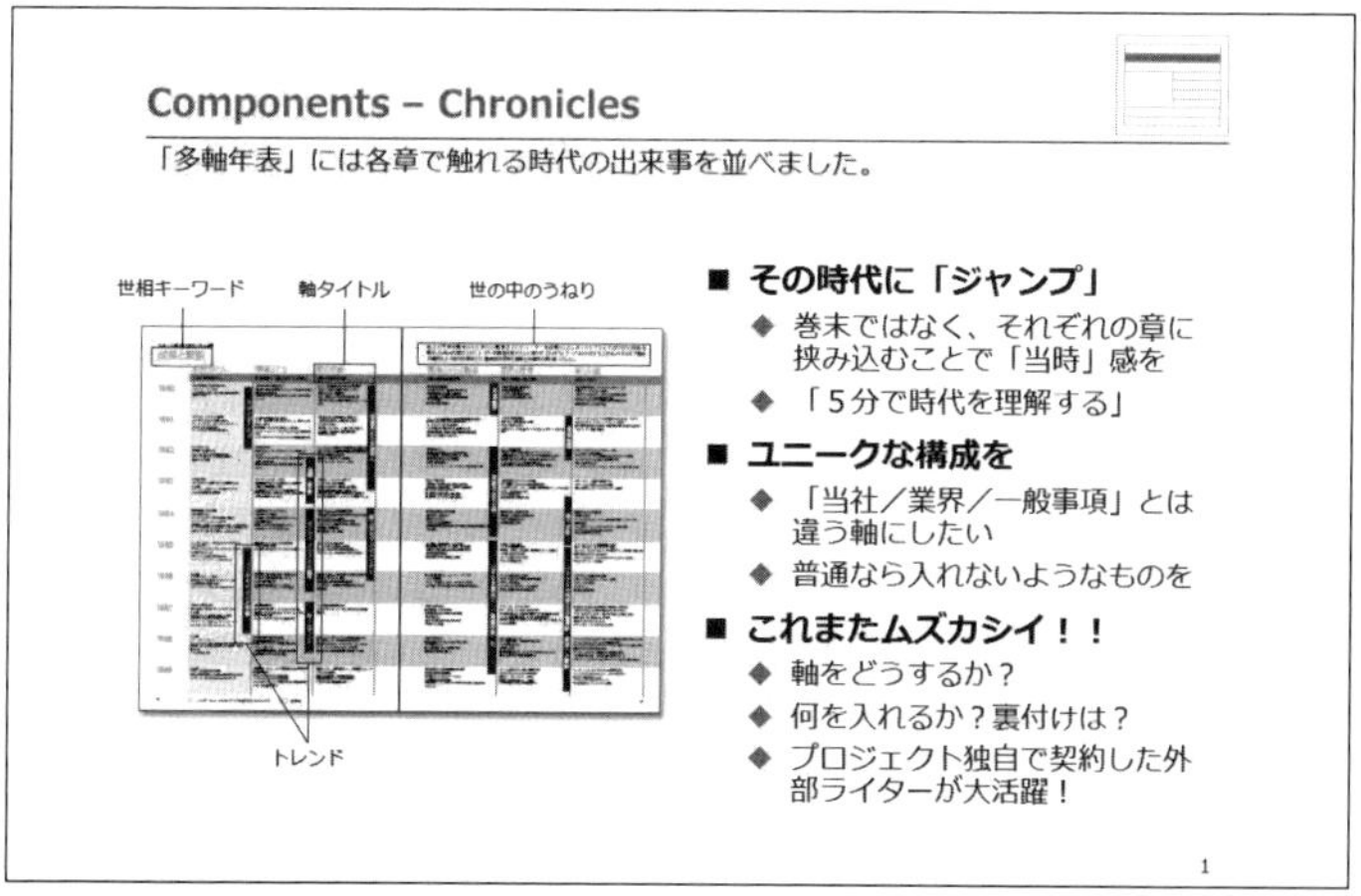

社史ができるまで講演会での配布資料から。各章に設けられた年表にも工夫が凝らされています。
（提供：アクセンチュア株式会社）

随所に感じられます。どの時代の章かがすぐにわかり、章の中での使いやすさを考えたのでしょう。

巻末には、「私の未来、私の夢」といった空白のノートのページ（自由に使えるページ）、索引、そして目についたのが「Project KISEKI――「福島」へのこだわり」という説明の文章です。

福島県の復興支援のため、社史の表紙の扉には福島県二本松市の上川崎紙という伝統的な手漉き和紙を用い、社史そのものの印刷も、わざわざ福島の企業に依頼したと書かれています。

東日本大震災の復興の支援事業を記した社史は多数ありますが、社史の本体そのもので復興を支援している例を知らなかったので、外資系の企業に頭の下がる気持ちでした。

さて、最後のページには、なぜか表紙の色が6種ある社史の写真が掲載されています。「神奈川県立川崎図書館に寄贈していただいたのは赤色（上製本）だけど、なんだろう。色見本かな……」なんて思っていましたが、後日、社史の編纂を担当した同社管理本部の小川富士さんをお招きし、社史ができるまで講演会（12回目）にてうかがった話によると、本当に表紙の色が異なる6種類の社史（並製本）を作り、社員にランダムに配布したといいます。

「隣の人と違う色？　なぜ？　と話題になることがひとつのねらい」であり、また「社史とはこういうもの、という固定観念を壊してみたかった」のだそうです。

章間の「アクセンチュア柳壇」というコーナーでは「プロとして　振る舞う私は　一年生」「入社して　チームが全員　インド人」など社員から募集した川柳&選評コメントが掲載されています。

小川さんによると「社員の声をひろく集め、リアルなアクセンチュアの姿として社史に織り込んでおきたい」と社内メールを使ったVOICESキャンペーンの一環としての企画だったそうです。楽しいだけではなく、意図があることを知りました。

別の章間の、社員を対象としたアンケートのコーナーでは、20年前と同じ質問をして、移り変わりを比べていました。なかには「Q．アクセンチュアの社員として常に［A］を持って行動し、自分の［B］を［C］していきたい。しかし［D］には十分に注意をしたい。」のＡＢＣＤに言葉を入れよ、というアンケートがありました。1992年も2012年も、掲載された回答には、真面目なものからユニークなものまで並んでいます。皆さんの会社だったら、どんな言葉が入るでしょう。

『KISEKI』に詰まった工夫は紹介しきれませんし、私が気づいていないアイデアもたくさん仕掛けられていると思います。

（東洋経済オンライン2015年4月25日掲載「アクセンチュアの社史は、何がすごいのか」を一部書き改めて掲載しました）

※小川富士「50年史を通じて語り継ぐ　社のDNAやコアバリュー」（『人間会議』2016年夏号）、および、「アクセンチュア50年史～『KISEKI』のキセキ」（『神資研』第50号／2016年刊）も、ぜひご覧ください。

（2）『コミーは物語をつくる会社です。』

神奈川県立川崎図書館の社史室にある社史の中で、もっともユニークな社史のひとつが『コミーは物語をつくる会社です。』（2013年刊）です。2014年に開催した「社史フェア2014」でも、多くの方が楽しげな表情を浮かべて手に取っていました。

ある日、本の受入を担当するスタッフが「高田さん、帯のついた社史が届きましたが、帯は残しておきますか」と聞きに来ました。「帯のある社史なんて、めずらしいから挟んでおいて」と答えたのが、この社史との出会いです。

その後、データの入力等が済んで「帯のついていた社史って、この本だっけ」と『コミーは物語をつくる会社です。』をめくりはじめて、会社の事業内容を知るよりも早く「こんなユニークな社史、あるんだ」と、楽しくなってしまいました。

最初に目についたのは「おもしろ話」と名付けている後半の部分です。著名人と一緒に写真に撮る「はったり写真づくりの物語」、大きな広告を出したらどんな反響があるのかを載せた「「日経新聞全面広告」物語」、会社の電話番号をどうやって決めたかを述べた「語呂合わせ物語」、給湯室の効率化を書いた「給湯室長物語」と続きます。

「語呂合わせ物語」では、語呂合わせを用いた電話番号をどのように決めていったかの経緯に12ページを割いています。一般的な社史では、仮に記載されたとしても欄外のコラムで短く触れて終わりでしょう。

「給湯室長物語」の見出しには「あるとき、会社のベランダに給湯室の布巾が干してあった。なぜ？と追及するうち、給湯室をめぐるさまざまな問題が見えてきた。これは給湯室長の推進した改革の物語である。」と書かれていて、給湯室内のBefore/Afterの見取り図も出ています。なんだか読んでみたくなりませんか。会社の給湯室をテーマに書かれた社史は、私の知る限り他にありません。でも、書きとめておかなければ確実に消えてしまう物語でしょう。

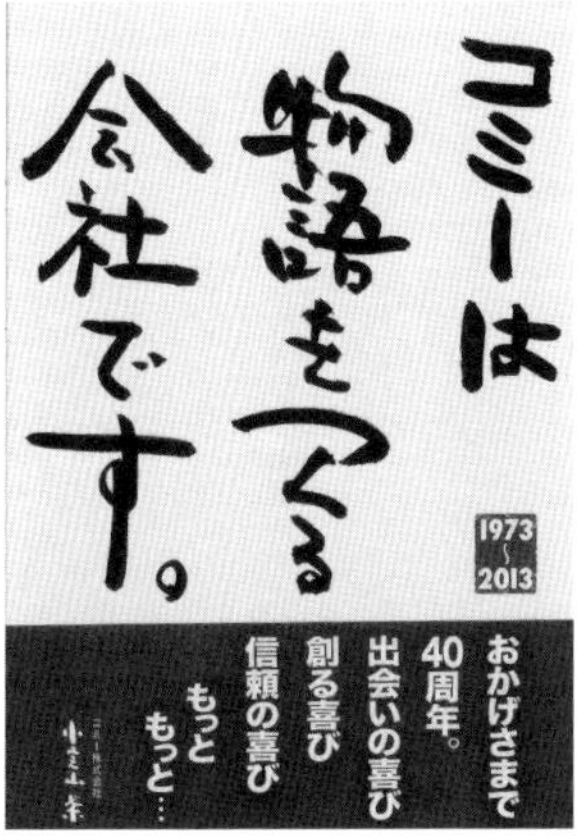

『コミーは物語をつくる会社です。』（333p）

後日、私は社屋を訪れますが「ここが、あの給湯室ですね」と覗いたり、初代給湯室長に会って感動したりする、めずらしい来訪者になりました。

コミー株式会社は、ものづくりの街・埼玉県川口市にあります。さまざまな特殊ミラー（鏡）を製造している中小企業で、『コミーは物語をつくる会社です。』を刊行した2013年に設立40周年を迎えました。銀行のATMに付けられた覗き見防止ミラーをよく見ると、たいてい「Komy」の小さなロゴが目につきます。航空機の荷物棚に付けられた忘れ物確認ミラーでもコミーは圧倒的なシェアを持っています。

独自の経営手法で知られる中小企業で、創業者で社長の小宮山栄さんはメディアにも数多く取り上げられ、日経BP社からはコミーの取り組みを紹介した『なぜ、社員10人でもわかり合えないのか』(2011年刊)が出版されています。また、小宮山さんは国際箸学会の活動にも尽力されています。

さて、あらためて『コミーは物語をつくる会社です。』を巻頭のカラーページから見ていきます。普通は社長の「ごあいさつ」などから始まるのですが、この社史の巻頭は、さっぱり売れなかった商品(失敗作)です。そして「失敗からわかった」「失敗から生まれた新製品」へとつながるのですが、失敗作が巻頭を飾っている社史は唯一かもしれません。

その理由は、小宮山さんによる「おわりに」で「コミーの歴史はチャレンジと失敗の繰り返しだ。ものづくり企業にとって失敗は最も大切な物語。ぜひ入れようと口絵のページにまとめることにした」と説明されています。また、失敗の物語を振り返ることによって「40周年を迎えたあとのコミーをどうするか」について、あたらめて考えるようになった、とも記されていました。

本編では、24の物語を、先ほどの「おもしろ話」を含む5つのテーマに分けて収録しています。例えば、車椅子の視点でどういうミラーが必要なのかをまとめた物語、店舗のミラーが防犯だけでなく接客での気配りに使えることを知った物語、万引き対策でのミラーの効果を検証していった物語、ボーイングの旅客機にミラーを採用してもらう物語、社内を整理整頓し業務の効率化を図った物語などです。どの物語も読みやすく、図や写真なども随所に掲載されているので理解しやすい内容になっています。

もともと、コミーでは、こうした物語を数ページの小冊子にして配布していました。コミーのホームページで読むことのできる物語もあります。『コミーは物語をつくる会社です。』は、これらの物語をまとめて再編集した1冊です。

冒頭の「はじめに」で小宮山さんは、松下幸之助が「松下電器は何をつくっている会社ですか？」と問われたときに「うちは人をつくっている会社です」と答えたエピソードなどを紹介し、それならコミーは「物語をつくっている会社です」と答えたい、と述べています。社内用語をまとめた巻末の「コミー用語集」には「物語」の項目もあり、その意味・定義は、「「問題発見」、「可能性の追究」から「結果出し」までの実例集」と載っています。

小宮山さんとスタッフの方には、社史ができるまで講演会（9回目）でお話しをしていただきました。「なぜ、社史に帯が付いているのだろう」という最初の疑問に対して、帯には「おかげさまで40周年。」と書いてあるけれど、40周年を過ぎても帯を外せば折々の機会に配布できるから、だそうです（納得）。新入社員の方からは、入社前に物語を読んでいたので「あの物語に出てきた○○さんだ」と同僚に親しみを感じた、仕事の考え方がわかりやすかった、という経験談をうかがいました。

社史の見返し紙のページは、味わい深い文字を書かれる小宮山さんが署名をしやすい紙質のものを選んだそうです。本文の紙質の手触りや色合いにもこだわったそうで、社史フェア２０１４では、来場者から「この紙は、普通は使わないけれど、めずらしいですね」と声をかけられたりもしました。

社史室では「社史作成の参考にしたいのですが、何か面白い社史はありませんか」と尋かれることがあります。『コミーは物語をつくる会社です。』をご覧いただくと「楽しいですね。我が社でも、こんな社史を作ってみたい」と言われる方もいらっしゃいます。けれど、40年にわたって積み重ねられた社風があってこそ、生まれた社史ではないかな、と思うこともあります。

（東洋経済オンライン２０１５年5月2日掲載「コミーの「40年史」は、とにかく面白い！」を、コミーの社内配布用に書き改め、さらに一部変更したものです。）

(3)『千島土地株式会社設立100周年記念誌』

『千島土地株式会社設立100周年記念誌　日本語版／英語版』(2012年刊)は、印刷技術やデザイン等が評価され、社団法人日本印刷産業連合会主催の第54回全国カタログ・ポスター展で経済産業省商務情報政策局長賞を受賞しました。また、2014年には、パリ装飾芸術美術館に日本語版が収蔵されることとなりました。

千島土地は大阪に根ざした企業です。現在は、所有する土地建物の賃貸事業、航空機のリース事業、そして所有地や所有建物をいかした地域の活性化事業などを行っています。

そもそも千島土地は江戸時代に唐物商(貿易商)として財を成した芝川家が、明治初期に大阪の沿岸部の新田を購入して不動産業に転じ、1912年に株式会社を設立したことにはじまります。社名の「千島」は購入した新田の名前に由来します。

日本語版の社史は、グラデーションのきれいな色合いの表紙です。これは日の出から日没までの1日の空の色を表現したもので、百年という月日も一日一日の積み重ねであるというメッセージが込められているそうです。外函の内側にもグラデーションが用いられていて、デザインへのこだわりを感じます。

本編は、絵本風の「ここにある」という物語から始まります。工場、造船所、新田と、木津川の河口周辺の歴史の移り変わりをたどっていく内容です。会社の歴史を説明する前に、地域との関わりをイメージしやすくして、読者の興味を喚起させる意図を感じました。

ついで創業以来の歴史を述べた「千島土地の歴史」へと進みます。「千島土地の歴史」は、時代ごとに14の章で構成されています。章間の4カ所には見開きで「地図年表」が挿入されています。その時代の大阪市の地図を見開きで載せ、千島土地が手掛けた事業や、大阪での主な出来事が図示されています。社史では、あまり例をみませんが、地域とのつながりの深さがよく伝わる手法だと思いました。

「千島土地の歴史」では、ひとつの項目を見開きにまとめています。左ページで歴史を説明し、右ページおよび左ページ下部に当時の資料・写真・図版等を掲載する、すっきりとしたレイアウトです。戦前の土地関係の書類など、社内で保管されている資料も数多く掲載されています。千島土地が所有する資料はインターネットの「千島土地アーカイブ・ブログ」でも紹介されています。

一方、社外から提供された資料は、巻末の「画像出典・所蔵先一覧」にまとめられています。ただ一覧の表にしただけではなく、小さめに図を再掲し、加工やトリミングをしたものにマークを付けるなど、丁寧に記録してあります。本書を見て調査する際や、のちのち確認が必要になった際に、親切

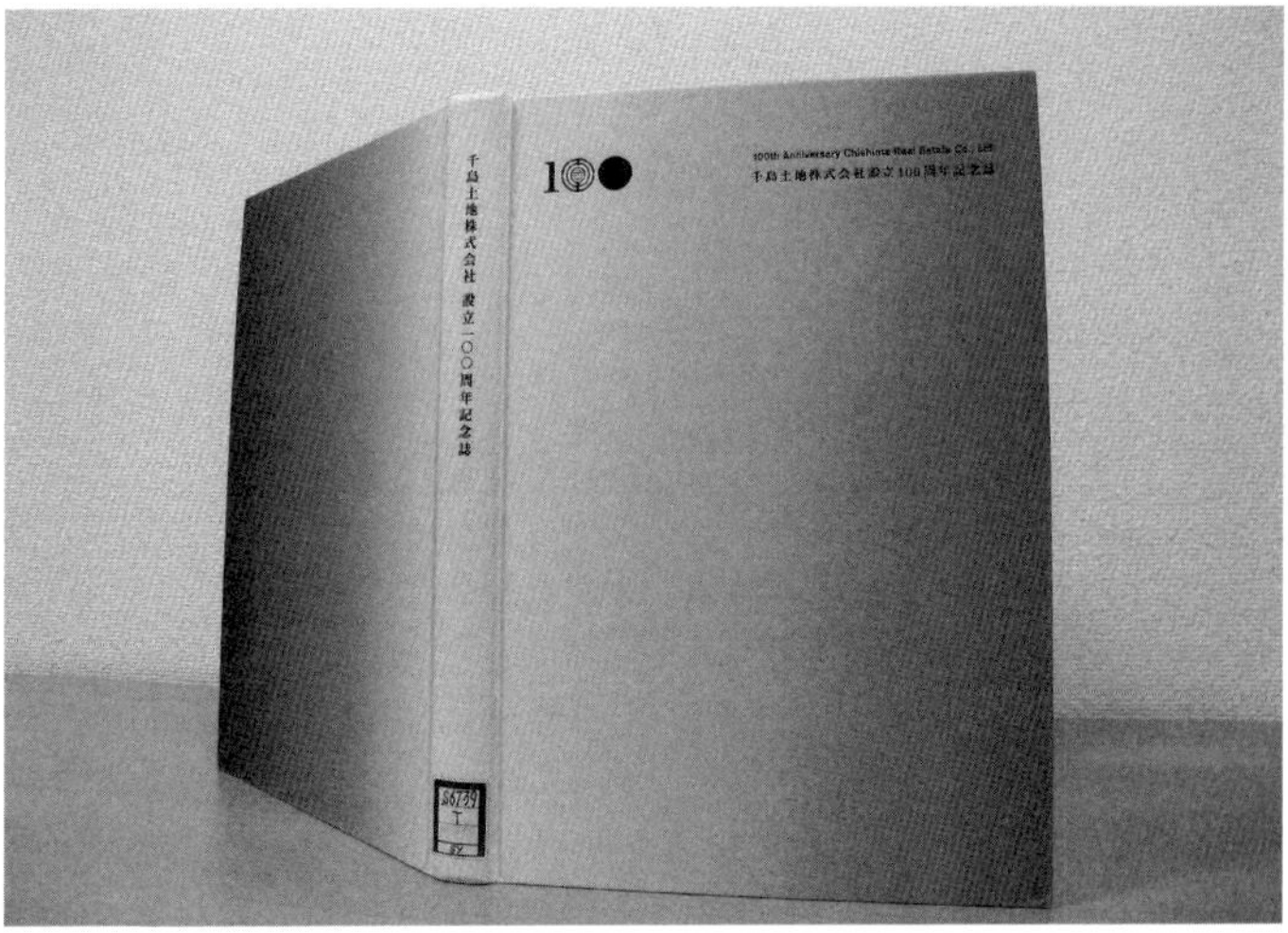

『千島土地株式会社設立100周年記念誌』（日本語版、223p）

な配慮だと思いました。

　さて、社史には、取引先の企業の役員や専門家・著名人による寄稿が掲載されることがよくあります。多くの場合、巻頭の「ごあいさつ」などに、まとめて載せられるのですが、本書の場合、関連する内容の章間に収めているのが特徴です。おおまかな内容を指定して原稿を依頼し、社史に組み込んでいったのだと推測します。一例として、同航空機のリース事業を説明した章のあとには、同事業で関係の深いオリックスの宮内義彦氏が文章を寄せています。

「千島土地の歴史」の近年の章には、同社が所有する国の登録有形文化財・芝川ビルの保存や活用の様子や、水に浮かぶ巨大な「ラバー・ダック」による「アヒルプロジェクト」なども紹介されています。

同書の後半は、創業家の「芝川家の歴史」です。いくつかエピソードを紹介すると、二代目・芝川又右衛門は甲東園（兵庫県西宮市）の開発に携わり、自らの邸宅も甲東園に建てました。１９１１年に建設した芝川又右衛門邸は、現在、明治村（愛知県犬山市）に移築されています。その跡を継いだ芝川又四郎は、竹鶴政孝氏とも親交が厚く、ニッカウヰスキーの創立者の一人としてその創業期を支えました。２００７年には、芝川ビルの地下金庫室から戦後間もない頃に製造されたニッカウヰスキーが発見されたそうです。

次に、同社史の英語版を紹介しましょう。多くの海外版の社史は、日本語版を訳しただけ、あるいはダイジェストにしてまとめたものが多いのですが、千島土地の場合、日本語版と英語版は、まったく異なります。

英語版の社史は、大阪発祥の伝統的な染色技法「注染」で染められた手ぬぐい（布）に包まれています。布の中には5点の小冊子が入っています。それぞれテーマがあり、同社の3つの主要な事業および芝川家の歴史を紹介した4点と、挨拶文と会社の概要を記した1点で構成されています。表紙の色は手ぬぐいにデザインされた色と図柄に対応しています。

『100th Anniversary Chishima Real Estate Co.,Ltd.』（英語版）

事業を紹介した3点には飛び出す絵本のような仕掛けが用いられ、「土地建物賃貸事業」は同社が所有し近代化産業遺産群にも認定されている造船所跡地の建物、「航空機リース事業」は千島土地100周年仕様の特別なデザインが施された飛行機、「地域事業」はラバー・ダックがそれぞれ飛び出します。

社史編纂を担当した千島土地の川嵜千代さんによると「海外では、パーティーの席などで立ち話をしながら手渡す場面が多いため、持ち運びしやすい重さであること、ぱっと目にとまり会話のきっかけとなるような仕掛けが施されていること、さっと目を通すだけで、内容をある程度理解していただける文量であること」を心掛けたそうです。

また、英語版のデザインは「和綴じをイメージした製本で、各分冊をまとめる手ぬぐいを制作するなど、日本らしさを意識した」といいます。

日本語版・英語版ともに、川嵜さんによると「会社の歴史を詳述した社史というかたちではなく、社外の方にも興味をもっていただけるように作成しました。近代大阪の街や歴史に興味のある方には是非、ご覧いただきたい」とのことです。

神奈川県立川崎図書館が所蔵する社史の中でも、デザインにこだわった出色の社史です。機会がありましたら、ぜひ、手に取ってください。

(東洋経済オンライン2015年7月4日掲載「「日本の社史」の装飾をフランス人も認めた!」を、一部変更して掲載しました。)

（4）『医学書院の70年』

神奈川県立川崎図書館には、寄贈していただいたばかりの社史を置いておく作業用の棚があります。そこで「なんだろう、この素敵な箱は」と、高級な洋菓子でも入っているようなえんじ色の箱を手にしたのが『医学書院の70年』（2014年刊）との出会いです。

医学書院には失礼かもしれませんが、私は何人かの同僚に「お菓子をあげよう」などと箱を持っていって、「残念、社史でした」と楽しんでいました。そのくらい社史には見えない外箱です。

外観のユニークな社史は、いくつも見てきましたが、『医学書院の70年』には続きがあります。箱を開けると、私のイメージですが超一流のホテルの会合でテーブルに並べられるような、社史刊行を述べた挨拶状が入っていました。緑色の紙に、レーザーで穴あき加工がされ、英文が併記されているなど、とても手の込んだ作りになっています。通常、社史に添えられる挨拶状は、印刷された紙一枚、せいぜい厚紙というくらいです。「この挨拶状は捨てないでください」と、本の装備の担当者に頼んでおきました。

外箱、挨拶状でこのような感じだったので、社史そのものがとても気になります。箱にきっちりと納められた正方形に近い判型の社史は、黒い布貼りの表紙に黒字で「医学書院は 専門書出版社としての 役割と責任を自覚し 医学・医療の進歩に必要な 専門情報を的確に伝え 医学・医療の発展と

『医学書院の70年』（239p、左上が外箱です）

社会の福祉に貢献することを使命とする」と箔押しされています。「格好いい」の一言です。

スクエアな形状を感じつつ、手にとってぱらぱらとめくると、シックな表紙の印象とは違って、写真を多用し、オレンジ色をアクセントに用いた、目を引きやすいレイアウトになっていました。項目によって異なりますが、基本的には、ひとつの事項を見開きで取り上げ、半分くらいを使って大きく写真を配し、もう半分でその事柄の説明をしています。

各項目の見出しは、「1944.08.18　日本医学雑誌株式会社創立」「1946.10.15　『看護学雑誌』創刊」のように、年月日まで大きく載せています。月日まで含めて大きく見出しにしている社史は、あまり例がないと思います。ただ写真を載せたというより、紙面に配置したときの見え方などを考え抜いているようなデザインに「こだわり」を感じました。見出しや写真から、適度な文量の本文に導かれていきます。

たとえば「1966.04.25『胃と腸』創刊」には、「胃と腸」という題字が引き立つように雑誌の写真が載せられています。『胃と腸』に関心がなくても「どんな雑誌だろう」と読み進めてしまいます。「1993.01.20　奥付を前付に　世界標準へのこだわり」は、本を扱う図書館員としても気になる項目で、奥付にするか前付けにするかの社内での論議や、世界を見据えた医学書院の考えを知ることができました。

あくまで私の印象ですが、出版社の社史は、データ集（目録）的に記録を重視したものと、「読ませてやるぞ」という出版人の気概を感じるものがあります。『医学書院の70年』は間違いなく後者です。

医学書院は医学や看護学を専門に扱う出版社です。１９４４年に、休業中だったレストランを借りて創業しました。当時の建物の写真には「ドアの上部にはめ込まれたステンドグラスは、現在の社屋でも実物を見ることができる。社の70周年ではこのデザインをモチーフにしている。」と欄外に書かれています。外箱や挨拶状、本の見返しにある模様は、創業時の社屋にあったステンドグラスが元になっているのだとわかりました。こうしたことで、さらに『医学書院の70年』への興味が増していきます。

すっかり魅了されたので、社史ができるまで講演会（17回目）の講師を依頼したところ、金原俊さん（取締役副社長／70周年記念誌編纂委員会委員長）から、引き受けいただけると連絡がありました。

講演の打ち合わせに社屋を訪問した時には、役員室入口に飾られているステンドグラスや、1階のエントランスで本の表紙に箔押しされていた「医学書院の使命」のモニュメントを見学させていただきました。

金原さんら編纂委員は「取引先には感謝を込めてプレゼントをしたい、社員にとっては自社を誇れる社史にしたい」というコンセプトを持って編纂を進めたといいます。そのため、中身の価値を高めるためにも、箱は重要だと考えました。えんじ色の外箱は、擦れた場合でも下地の白が出ないよう、特殊な印刷技術が用いられていることなども教えていただきました。

外箱や本の構成などは、既存の社史ではなく、日頃から「このデザインはいい」と思えるものを集めてヒントにしていったそうです。外箱のヒントは、海外で購入した日記帳の入れ物や、プレゼントされたフォトフレームの箱だったとうかがいました。

写真を効果的に用いたのは、その場の雰囲気や空気を伝えることを重視し、写真から本文に導く写真週刊誌に近い手法なども取り入れました。写真の配し方はデザイナーの力量によるところが大きかったそうです。
日本電子出版協会の副会長でもある金原さんは、医学書院で長年、電子出版の事業を担当され、これまでの経歴で紙の本に携わったのは、『医学書院の70年』と、前社史の『医学書院２００７』の2冊だけだといいます。社史は贈答品でもあるので電子化には向かない。ただし、年表などインターネット上に逐次掲載していったほうがよい情報もある、と用途による媒体の使い分けについても、講演では触れられていました。

『医学書院の70年』には、折り込みで１９６４年10月25日と、２０１４年5月27日の社員の集合写真が掲載されています。50年間、社員全員の集合写真を撮る機会はなく、この社史ではぜひ集合写真を載せたかったと金原さんはいいます。

集合写真の撮影時には、参加を強制したわけではないのに、予想を超えて、ほぼ全ての社員が集まり、全員を収めるのに苦労したことをはじめ、１枚の写真の背景にも、いろいろなエピソードがあることを語られていました。社史に掲載されている写真だけでなく、全員が「変な顔」をした非公開の写真も撮ったそうです。集合写真は好評で、座席に貼っている社員がいたり、「私が写っているこの社史は宝物」と語った社員もいたと聞きました。

この箱には、さまざまな愛社精神が詰まっているのだな、とあらためて感じさせられました。

(5)『1st Vintage　モトックス100年の歴史、そして未来へ』

2013年の秋、モトックスの社史編纂に関わっている方から「一同で社史を調査しにいきたい」と連絡をいただきました。「かまいませんよ」と伝えましたが、社員の方と編集やライターの方を含め、7、8名での来館になるということです。社史室は狭いので、会議室も使っていただくことにしました（いつもそうした対応ができるわけではありません）。

私はモトックスという会社を知らなかったので、インターネットで検索してみました。センスのいい公式ホームページを見ながら、おもにワインの輸入販売（ワインインポーター）をしている会社で、本社は大阪府東大阪市。1915年に創業し、間もなく百周年を迎えることなどがわかりました。

ワインに詳しい知人や同僚に「モトックスって知っている?」と訊くと、「当然だよ」と、ワインインポーターとしては有名で、とくに品質に気を配っていることを、さまざまなうんちくを含めて教えてもらいました。これまであまり気にしていませんでしたが、ワインを買うときにボトルの裏のラベルを見てみると、「輸入者：株式会社モトックス」と表示されているものが多く並んでいることに気がつきました。

さて、来館されたモトックスの社史編纂チーム一行に対して、私は社史室で特徴ある社史を案内していきました。「この社史、ユニークだな」「こういう項目は参考になりそう」「負けたくないね」などの声を耳にしつつ、ここからどんな社史が生まれていくのだろうと楽しみにしていました。

２０１５年9月、完成した社史を寄贈していただきました。タイトルは『1st Vintage　モトックス１００年の歴史、そして未来へ』。ワインの木箱をイメージした装丁が印象的で、めくっていくと随所に工夫がされています。

例えば、巻末には「この本の制作について」という見開きのページがあり、どのように編纂を進め刊行に至ったのかがビジュアルにまとめられていました。社内での議論や、編集・デザイン・撮影の担当者の作業風景など、制作過程の一部がわかりやすくたどれるようになっています。神奈川県立川崎図書館での調査の項目もあって嬉しかったです。編纂の経緯を「あとがき」に文章で記した社史はたくさんありますが、こうしたかたちでビジュアルにまとめている社史を、私ははじめて見ました。

このページを見ながら『1st Vintage』の編纂を知りたい、できれば、社史ができるまで講演会（21回目）でお話ししていただきたいと思い、講演の依頼をしたところ、社史制作事務局の中心メンバーの音無能紀さんが快諾してくださいました。

以下、講演で音無さんにうかがったお話を交えながら、『1st Vintage』の特徴的な部分をいくつか紹介します。

『1st Vintage　モトックス100年の歴史、そして未来へ』（173p）

『1st Vintage』の書名について、音無さんに説明していただきました。

タイトルにある「Vintage（ヴィンテージ）」とは、ワイン用語で「収穫年」を表す言葉です。ワインの味わいは収穫年の天候が大きく影響します。1年として同じ天候が続くことはなく、ワインを造る人は毎年、試行錯誤を繰り返してきました。ワインは自然の恩恵、人の努力の結晶です。だからこそ人は無事にワインとして出来上がったことを喜び、感謝します。また「Vintage」は、長期熟成を表す言葉でもあります。この「1st Vintage」というタイトルは「100年の歴史」に加え、「1からのスタートと挑戦」、「支えられた方への感謝」をもとに名付けました。

『1st Vintage』は大きく「今のモトックス」「これまでのモトックス」「これからのモトックス」の3つのカテゴリに分類されています。

めくりはじめて印象的だったのは、前半の「日常業務」というコーナーです。仕事中の写真がキャプションとともに多数掲載され、大阪の本社と東京オフィスのフロアの見取り図が載せられているページもあります。モトックスの仕事や職場の様子が伝わってきました。

私は、今の会社の姿を記録しておくことが目的のコーナーだと思っていましたが、音無さんによると、それだけではなく、社員が家庭で「こんな仕事をしているんだ」「ここで働いているよ」などと会話のきっかけとなるように意図したといいます。社史は「誰を対象とする社史か」を明確にすることが肝要といいますが、『1st Vintage』は、「社員のための社史であること、社員が読みたいと思う社史にすること」をコンセプトにしたと聞きました。社員には2冊を配布し、1冊は自分のもの、1冊は実家に持って行って「こんな会社に勤めている」と報告してほしいと伝えたそうです。

社史の中核であるモトックスの歴史を記した「モトックス100年史」の文章はライターによるもので「株式会社モトックスの歴史は、大正時代、ひと組の若い男女の出奔から始まる。」という一文で書き始められています。大阪で酒類の卸売販売をしていた「元なしや」(前社名)の時期と、ワインインポーターとして成長し社名をモトックスとした時期の2部構成で、とくに近年の出来事については、多くの社員らの証言が織り交ぜられ、臨場感ある内容でした。縦書きの2段組の真ん中に図版を配し、目を引く見出しを付けるなど、読みやすく特徴のあるレイアウトです。

後半には「社史刊行記念！　社員アンケート回答発表！」として「モトックスで働いていて、一番嬉しかったことは何？」「次の世代に伝えたいお酒の良さと、熱い思いを一言！」や、「職業病だと思うこと」「お酒の上での失敗談（今後の教訓）」「お薦めのワインとおつまみ」「お薦めしない食べ合わせ」などの設問があり、くすっと笑ってしまうものを含め1行程度の多くの回答が載せられています。音無さんによると、社員に参加してもらいたいという意図と、読みたくなるページを作るという目的があったそうです。奥付のページの社史制作事務局に、あえて「全社員」と補記されているところに、社員参加へのこだわりを感じました。

装丁は、カフェに置かれていても違和感のないようなものにしたいというイメージがあったそうです。ワインの木箱をモチーフとし、題字やロゴは木箱に押された焼き印のように印刷されています。「木箱を開けると、中には熟成したワイン（100年ものの会社）があり、表紙をめくれば100年の歴史を味わえることを表現した」と音無さんは説明されました。

さて、ワインのボトルの裏ラベルには、ぶどうのマークが付けられているものがあります。Wine-Link（ワインリンク）という専用の無料アプリで読み取ると、そのワインや生産者の情報などが表示されます。このWine-Linkは、音無さんが開発責任者で、中小企業IT経営力大賞2012の大賞（経済産業大臣賞）受賞をはじめ、高い評価を受けています。そして、なぜか『1st Vintage』の裏表紙にもWine-Linkのマークが。もしかしたら、何か表示されるかな、とスマートフォンで試してみたところ、『1st Vintage』には記載のない制作ストーリーが表示されました。

右に紹介したのは『1st Vintage』の特徴のごく一部です。しっかりとしたコンセプトに基づいた、こだわり満載の1冊です。

講演では音無さんが、モトックスの社員と家族、退職された方、取引先への「感謝」というキーワードを幾度も口にされていたことや、「こうした社史にしたい」だけではなく「こうした社史にはしない」という基準で編纂を進めていたお話も印象的でした。

※音無能紀「会社の理念「正直商売」は未来にも伝わり続ける」（『人間会議』2016年夏号）も、ぜひご覧ください。

(6) 鹿島建設　社史担当者の小田晶子さんに訊く

建設大手5社のひとつ、鹿島建設株式会社で社史を担当している小田晶子さんを取材させていただきました。

小田さんは、社史ができるまで講演会（15回目）の講師で『鹿島　創業170年記念誌』についてお話をしていただいています。写真集ともいえる社史ですが、さまざまなアイデアや工夫が凝縮されていることに、私は感心してしまいました。受講者からのアンケートでも、「具体的なプロセス、注意することを、わかりやすく説明していただきました」や「社史作りはまだ着手したばかりだったので、デザインはまったく頭になかったのですが、デザインへのこだわりはとても印象的でした」など、実例を中心にした講演内容は、大変好評でした。

通常、社史が刊行されると編纂委員会は解散しますが、社史担当者や社史担当の部署を常設している企業もあります。小田さんも『鹿島　創業170年記念誌』の刊行後も社史に関わる業務をされています。今回の小田さんへの取材では、『鹿島　創業170年記念誌』のこと、企業の歴史に携わる仕事、神奈川県立川崎図書館の活動、などについてうかがいました。

1『鹿島　創業170年記念誌』について

――鹿島建設の社史には、どのようなものがありますか

当社は大きく分けて「正史」と「記念誌」の2つのタイプの社史があります。正史は『鹿島建設百三十年史』(1971年刊行)と『鹿島建設社史　1970年~2000年』(2003年刊行)の2点だけです。記念誌は『鹿島建設創業150年記念誌』(1989年刊行)や『鹿島　創業170年記念誌』(2011年刊行)など、これまで4点が刊行されています。正史より前に刊行された「小史」も2点あります。

――正史と記念誌の違いを教えてください

正史は、歴史を後世に残すことが目的です。構成メンバーも大掛かりで、社長を頂点に役員が名を連ねる社史編纂委員会から成っています。歴史の流れに沿った章立てで、文章で詳述しています。それに対して記念誌は、創業何年という節目を記念に歴史と今を紹介するもので、項目の自由度が高く、写真を多く用いる場合が多いですね。構成メンバーは比較的少数で、トップ直属の下に広報や総務、設計などの実働者のみとなっています。どちらも営業得意先へお届けしますが、正史は公共図書館や大学図書館にもお送りしてご利用いただいています。

『鹿島　創業170年記念誌』（175p）
（提供：鹿島建設株式会社）

――小田さんは、社史にどう関わってきたのですか

『鹿島建設社史　１９７０年〜２０００年』の完成直前に広報室から異動してきました。すでに五校の段階でしたが、校正は得意でしたから、嫌がられるほどたくさん誤字を見つけてしまいました(笑)。それに社史は作って終わりではなく、先方にお届けするまでが仕事ですから、落ち着くまで半年近くかかりました。

『鹿島　創業１７０年記念誌』にはプロジェクトメンバーとして最初から最後まで関わっています。実質的には2名で編纂作業をしていました。編纂に際しては、同じビジュアルの記念誌である『鹿島建設創業１５０年記念誌』の担当者からも経験談を聞いています。社史の刊行は、あまり間隔を開けてしまうと、ノウハウが失われてしまいます。

――『鹿島　創業170年記念誌』の大部分は写真のページですが、ただ写真を並べていったというわけではないようですね

近年の代表的なプロジェクトから作品を選んで掲載していきました。発注者の許諾がいただけず、掲載できなかったものもあります。

ほとんどの写真は毎年カレンダーのためにプロに撮影していただいていますから、その中から選んでいます。被写体が大きいので、素人の機材や腕ではなかなか撮影が難しいのです。私が広報室でカレンダー担当だった時には、カメラマンと国内海外の代表的なプロジェクトを撮影に行きましたから、どのプロジェクトはこういう写真がいいということを決めやすかったですね。ほかに外部から提供していただいた写真もあります。構造物の背景は青空の写真が多いのですが、同じような外観の写真ばかりにならないように、頁をめくるたびに意外な写真となるように、かといって奇をてらわないように苦労しました。

用紙はヴァンヌーヴォという美術書などに使われる紙を選びました。写真が映える、質感がよい、などの特徴があります。ただ、インクの渇きが遅く、向かい側の頁に色がうつる可能性があったため、デザイナーと相談して印刷会社から何種類もの塗布例を提出してもらい、最終的に写真の部分のみグロスニスを塗布することになりました。

——社史ができるまで講演会でも、見本誌や外函など、多くの試作品を持参していただき、説明をしていただきました。装丁やレイアウトにも、多くの工夫をされていますね

鹿島建設では毎回、形、外函、表紙、文字、タイトルなど、すべて数点から数十点の試作品を作り、検討を重ねて決定しています。建設会社といっても設計・デザイン・インテリアにも関わる企業ですから、こだわりがあります。表紙は白、見返しは淡いグレー、外函はチャコールグレーにして、色のハーモニーを考えました。外函はきちっと入れてすっと出る、収まりがいいことを重視しました。

——とくに小田さんが気に入っている点があったら教えてください

全てにこだわりと苦労があり、お話しするときりがないのですが（笑）、この記念誌の編集のこだわりを端的に表しているのが表紙の中央に配する文字です。最初は当社の英語名称を使い、「KAJIMA CORPORATION 170 YEARS」と考えていました。しかしそうすると「CORPORATION」が中央に来て目立ちすぎてしまうのです。それで「KAJIMA 170 YEARS」というタイトルにしました。タイトルの文字の左右の余白は左側の方がやや広くなっています。普通は左右均等に割り付けますが、左開きの本なので折れ目が入るとセンター合わせに見えません。それで左側の始点を変えることによって、表紙のセンターに文字が来ているように見えるのです。本全体にこのこだわりの精神が漂ってい

ると自負しています。

――写真や装丁以外で気をつけたところを教えてください

構成は、大きく国内、海外と分けていますが、それよりも土木、建築、開発と分けてその中を国内、海外としたほうがいいのか、随分、議論になりました。社史は正解がないことが多いので、最終的にどうするのかを決めるのは難しいですね。文章は和文と英文を併記していますが、同量に見せるように工夫しています。巻末の「工事概要」も重要なデータです。データは使用したい写真と共にすべてお客様に確認しています。

――社史には社風が現れるといいます。『鹿島　創業170年記念誌』には、どういう社風が現れていると思いますか

細かいところに対するこだわりです。建設会社は「モノをつくる企業」ですから、細かいところまで気を配って、モノを丁寧に作り上げていくのは、大きなビルやダムや橋でも、社史でも同じです。建設会社のつくる構造物は、完成するとお客様の手に渡ります。設計者の名前は残りますが施工者の名前が残ることはほとんどありません。ですから写真と共に記念誌にその足跡を残すことはとても重要だと考えています。

2 企業の歴史に携わる仕事

――小田さんは総務部本社資料センターの社史担当ということですが、普段はどういった仕事をされていますか

大きく分けて4つの仕事をしています。社史というのは作って終わりではありません。資料収集や、社内外からの会社の歴史に関する問い合わせ対応、それから会社の歴史に関する情報の発信、同業者や他社の社史担当の人たちとの交流、情報交換などが主な仕事です。最近は関連会社の社史づくりのお手伝いも多くなりました。

まず、会社の歴史資料の収集保存や分類整理ですが、対象は、写真資料、印刷資料、記念物などです。半年に一度、各部署に提供を呼びかけています。OB会などにも呼びかけるとおもしろい資料が集まるんですよ。それに現場見学の際のパンフレットや販促グッズなどの消耗品は注意して収集しておかないとなくなってしまいます。特に支店や部署の引っ越しの時は要注意です。残したほうがいいものかわからない資料は、とにかく連絡してほしいと伝えています。今の資料が、50年後、100年後には「昔の資料」となるのです。

――収集するだけでなく、鹿島建設のホームページには「鹿島の軌跡」を連載して情報発信もされていますね

「情報は発信をするところに集まってくる」を持論にしています。情報発信によって社内外から社史資料を集めたいと考え、広報室に企画書を持って行って始まったものですが、もう10年になります。まるでライフワークのようになりました。歴史の中で埋もれてしまっているエピソードが、今の歴史につながっていることを伝えています。企業としてプロジェクトの苦労や、社員のエピソードを、近代史や産業史などの時代背景を踏まえながら書いています。どういう歩みをたどってきた企業なのかを知ってもらいたいと思っています。

おかげさまで社内外から、「鹿島の軌跡」を見ての問い合わせも増えています。「祖父が鹿島建設に在籍していたらしいのだけれどわかりますか?」といった問い合わせも年に数回あります。社内から「お客様に持っていきたいので、鹿島の軌跡の記事をパンフレットにしてほしい」という要望もあったので、私がレイアウトして12ページ程度のパンフレットにしたものも何回分かあります。やはり紙のほうが読みやすいという方もたくさんいらっしゃいますね。

——同業者や他社の社史担当の人たちとの交流とは、どういった機会でしょうか

建設大手五社(鹿島建設、大林組、清水建設、大成建設、竹中工務店)の社史担当者に呼びかけて2009年から「五歴会」という年2回の情報交換の場を設けています。同じような苦労がありますから、共感できることもたくさんあります。

神奈川県立川崎図書館での社史ができるまで講演会では、自分が講師をした時にも、聴講者として参加したときにも、名刺交換などを通して、多くの社史に携わる方と知り合うことができました。数名の方とは、連絡を取り続けていますよ。

――小田さんは広報室に長く在籍されていたそうですが、広報の仕事が社史の編纂に活かされていると感じたことはありますか

会社のことを広く知っている点で役に立っていると思っています。たとえば、PR誌の編集を担当していたので、会社の各部門の活動や出来事を知っています。カレンダーには前年の代表的なプロジェクトを撮影し載せるので、重要性の度合いがわかります。どんな技術が開発されたか、実用化されたかなどは、プレスリリースを作成して記者発表をしたり取材対応をしたりするので、技術部門とも密接に関わる仕事です。ですから過去30年分くらいの会社の歴史は肌で体感していましたし、それぞれの社内のキーマンはだいたい顔見知りでしたからそれはとても強みです。その前の約140年分の歴史はこの部署に来てから勉強しました。恥ずかしい話ですが社史をきちんと読んだのもここに来てからでした。必要なページを探して読むというくらいが、普通の部署での社史の使い方でしょう。それはそれでいいのだと思っています。

今でも広報室とのつながりは多く、社史に関しての問い合わせ、「鹿島の軌跡」に掲載したエピソ

ードの取材、写真の貸し出し、テレビ取材、原稿依頼や講演依頼などがあります。

——社史編纂にあたっては、社史編纂協力会社や外部の方にサポートしてもらう企業も多いのですが『鹿島　創業170年記念誌』ではいかがでしたか

はじめは外部のライターに執筆してもらいましたが、レクチャーとその準備に何十時間もかかったのに、企業や社員の思う企業像が描けてはおらず、社内の感覚とはズレた内容でした。けっきょく、社員が書くことになりました。近道をしようと思ったら、回り道になっていたのです。社史に限らずモノづくりは、一人の力でできるものではなく、コラボレーションによってできるものです。それぞれがプロの目で見て忌憚ない意見を交換し合うことによってより良いものができていくのだと思います。

——企業にとってのマイナス面の記録について、どのように考えていますか

企業によっては社史ではそういうことに一切触れていないところもあります。マイナス面の資料は担当者と一部の関係者しか知らず、時がたつとそのまま埋もれ、伝承されなくなります。そして、歴史が繰り返されてしまうこともあります。当社では新聞等で大きく取り上げられたマイナス面の事象は、会社としての当時の対応や、その後再発防止のために何をどう改善したかなど、社史にも顛末を

載せるべきだと考えます。当社の正史にはそれらをきちんと記載しています。たとえ社史に掲載されなかったとしても、資料を保管することにより、次に同じような過ちを起こさないための資料とすることができます。

――小田さんは個人的に、社史編纂にはどのようなタイプの人が向いていると思いますか

なにごとも、とことん納得するまで調べないと気のすまない人でしょうか。私自身がそういうタイプみたいです（笑）。私は意識していなかったのですが、ある先輩に「天職だ」と指摘され「自分で気がついていなかったの」と笑われました。

社史はずっと残るものです。間違えたことを書くことはできません。そこに達成感を感じることができる方は、社史編纂に向いていると思いますよ。ただ、分類整理が苦手で……（笑）、頂いた資料の段ボールが山積みです。分類整理が好きな人も向いているのではないでしょうか。

――他社の社史を見るときには、どういったところから見ますか

まず装丁を見ます。どういう社史を手に取るときも、わくわくしています。ただ、いかにも外部の編集会社などに丸投げしてしまったような社史は、ちょっともったいないと感じます。会社の歴史の長さに関わらず、社史編纂に携われる時期も人も、天の配剤といえるようなタイミングでしかめぐっ

てきません。せっかく選ばれた人がそれを外に丸投げしてしまったのかって思ってしまいます。

手に取った社史が、装丁に力を入れていたら、見返しやレイアウトなどをざっと見ます。それから全体の構成ですね。どういう意図でそうしたのか、判じ物のように考えたりしてみます。

3 神奈川県立川崎図書館の活動について

――小田さんは、社史ができるまで講演会で講師を引き受けていただいただけでなく、よく参加もしてくださっていますね

鹿島出版会の知人が教えてくれました。はじめて受講したのは8回目の「チッソ社史『風雪の百年』ができるまで」でした。もちろん、それ以前から、神奈川県立川崎図書館で社史をコレクションしているということは知っていました。社史ができるまで講演会で取り上げている社史は、企業規模や業種が異なっていても、参考にできる部分がたくさんあります。毎回、鹿島建設が参考にできることをまとめて、レポートを上司に提出しています。

――社史フェアにも、ご来場されたとのことですが、いかがでしたか

最初はどんなものかなという程度でのぞいてみましたが、とても多くの方が来場されていて驚きました。皆さん、じっくり調査されているので、見たい社史がなかなか見られないこともありました。

直近の社史をまとめて見られるので、今の社史の傾向がわかります。すばらしい機会だと思います。本当に毎年楽しみにしているんですよ。

――最後になりますが、社史室についてはいかがですか

狭いので使い勝手はよくないですね。照明も暗いので、私にとっては見やすい環境とはいえません。最近、ホームページで公開した、バーチャル社史室（8章参照）はとてもいいですね。自席に居ながらにして、社史のイメージを広げてくれます。バーチャル社史室を見てあたりをつけて出向くことができます。また、実際の社史室ではしゃがんで見ないといけないところや、暗くて見えにくいところが、明るくはっきり見えるので、とても便利です。

私は鹿島の関連会社の社史作成のお手伝いや営業部門を通じてお客様からの社史制作についての問い合わせにもお答えしているのですが、最初に問い合わせや相談があった時には必ず神奈川県立川崎図書館の社史室を訪ねるようにと伝えています。業種別に並んでいて、大部分を公開しているというのが、なにより役に立ちます。やはり実際に社史室に行って社史を手に取ってみないとわからないことはたくさんあります。もちろん、社史を作成した場合は、神奈川県立川崎図書館への寄贈を呼びかけています。

（取材日：２０１６年６月６日）

（7）『日本水産百年史』　元社史編纂室の皆さんに訊く

この章の最後では、2011年に刊行された『日本水産百年史』を取り上げます。『日本水産百年史』（647ページ）と『日本水産百年史　史料』（252ページ）の2冊組の社史です。社史ができるまで講演会の1回目でも講師をしていただいた、元社史編纂室長の大田吉一さんをはじめ、当時の社史編纂室の皆さんに取材しました。

1 資料の収集について

――『日本水産百年史』ができるまでの講演会では、とくに資料の収集について力を入れていたとうかがいました。どのような方針だったのでしょうか

『日本水産百年史』の編纂にあたっては、企画・資料収集・取材・編集などの実務を社員自ら行う体制をとりました。時代別事業別にクロスして担当することで、漏れのない資料収集に努めました。創業からの100年間を5つの時代に区分し、文献の調査やインタビューを行いました。

――図書館では、どのように資料を収集していましたか

とくに役に立ったのは大学図書館での調査です。水産業などの研究者と関わりのある大学の図書館

『日本水産百年史』
（提供：日本水産株式会社）

には、多くの資料が残っていました。探求情報（新聞記事、学術書などの既刊書、取材）をもとに、公式資料（有価証券報告書、営業報告書、事業報告書、対外広報資料）、そして、社内資料（取締役会議事録、稟議書など）を探していきました。一次資料を優先させました。創業の功労者・国司浩助の講演録なども見つかりました。

大学での資料調査は、『日本水産百年史』の監修をしていただいた宇田川勝氏・上原征彦氏の助言が、とても参考になりました。図書館以外では、法務局などの行政機関でも資料を探しました。

――レファレンス・サービスも役に立ったと聞きますが

個人での文献確認や資料収集に費やせる時間には限界があります。そこで、図書館のレファレンス・サービスを利用することで、情報収集を効率的に行うことかできました。複数の図書館に問い合わせすることで複数の情報が集まり、時代考証に役立ちました。

――神奈川県立川崎図書館も利用されていたそうですが、いかがでしたか

調査で利用したのはもちろんですが、とくに、社史室でさまざまな社史を見られたのはありがたかったです。たくさんの社史を見て『日本水産百年史』のイメージを考えていきましたが、実は「こういう社史にしたい」と思うような既存のものはありませんでした。日本水産の社史は、自分たちのスタイルで作らなければならない、ということがわかりました。

――インタビューはどのような位置付けだったのですか

社内関係者、OB、創業期に関係のあった企業・団体の現在の関係者、お取引先、研究者など、約300名にインタビューをしました。インタビューは、紙ベースの資料の穴を埋めるもので、ジグソーパズルのように組み合わせて、歴史を明らかにしていく感覚でした。

2『日本水産百年史』について

――百年史の編纂の経緯について教えてください。2007年から編纂事業を始めたそうですが、

――当初はどのようなことを考えていましたか

日本水産では、過去に「50年史」「70年史」を刊行しましたが、「百年史」編纂にあたり、改めて既存の社史の全ての内容を見直し、日本水産の「正史」として一から編纂することにしました。戦前の内容なども大幅に変わっています。

――『日本水産百年史』は誰に向けての社史にしようと考えていましたか

自社やお得意先だけでなく、世の中に向けた社史にしようという方針でした。日本水産の歴史だけでなく、産業史や経営史ともいえる内容になっています。

――2冊組ですが、本編にあたる『日本水産百年史』は、どのような位置づけですか。編纂で気を配ったことなどがあれば教えてください

本編には写真や図版を掲載していません。記述で伝えることを重視しました。文章は5W1Hをはっきりさせないと書けません。それによって、事実を明確に伝えることができます。

また、企業の歴史は人が築いてきた歴史です。諸先輩の想いを感じながら編纂作業にあたっていました。人を大事にしたいと常に考えていました。

――次に『日本水産百年史　史料』について教えてください

「100年のあゆみ」と、日本水産の「基本資料」、主要統計の「世界と日本」で構成しています。「100年のあゆみ」は、ビジュアルにわかりやすく歴史を伝えるようにしました。船舶や商品の写真を探すのに苦労しました。「史料」は本編との整合性が不可欠で、本編の内容がわかっていないと書けないのです。結果的に2冊の社史を作ったような感覚でした。

――装丁でこだわったポイントはありますか

青と白のシンプルな色合いにしました。表紙も文字だけです。「学術的・客観的な社史」をコンセプトに進め、学術書に多く用いられる菊版にしました。ドイツ綴じという製本です。外箱には水面のデザインを施しました。昔の写真が多かったこともあり、『日本水産百年史　史料』に掲載した写真はすべてモノクロです。

――日本水産ではホームページで『日本水産百年史』デジタル版を公開していますが、どのようなものですか？

刊行当初、一般には頒布していませんでしたが、関心をもっていただいた皆さまからのご要望にお応えしてどなたにもご覧いただけるよう、２０１４年から電子書籍（ＰＤＦ）として公開しています。

3 刊行後の反応

――創業百周年にあたって、「ニッスイパイオニア館」を開設していますが、社史編纂事業との関わりがあれば教えてください

ニッスイパイオニア館は創業100周年を記念して、ニッスイの企業姿勢やその基盤となる理念を未来に伝えていくために、2011年に福岡県北九州市に設置しました。社史編纂で収集した資料などを公開・展示しています。来館者は、地元の方々、水産業研究者、社会科見学の小学生など、さまざまな方がお見えになります。

――『日本水産百年史』は海外でも高い評価を得たことから、2012年には英語版も刊行されています。英語版の編纂について教えてください

英語版の『A History of Hundred Years of Nippon Suisan Kaisha,Ltd.』は、海外グループ企業の要望もあって、1年後に作成しました。こちらは、本文に写真などを入れ、A4版の1冊にまとめました。船の名前、地名、人名などをローマ字表記するので、読みを調べるのがとくに大変でした

――社内で『日本水産百年史』の編纂が活かされていると感じたことはありますか?

自分たちが取り組んできた事業に、どういうルーツがあったのかを知ったという声はよく聞きます。

事業の根幹を知ることで、仕事への誇りも、これまで以上に感じられるのではないでしょうか。歴史を踏まえた経営的な発言も増えています。社外からの問い合わせには『日本水産百年史』を見れば、たいていのことが書いてあるので対応に重宝しています。『日本水産百年史』は、毎年、新入社員にも配布しています。

――社史編纂の経験を通して感じた、社史の読み方、使い方などがあれば、教えてください

社史は企業の歴史だけではなく、産業史、経営史としての側面もあります。企業の歴史的な資料（写真、図）、統計や年表など、長期データなども提供されているので調査資料としても役立ちます。社員教育やＰＲ活動にも活用できます。また、複数の業界の社史を紐解くことによって、日本や世界の動きについても学び取ることも可能です。

社史は読者の関心や読むタイミングなどによって様々な読み方や受け取り方ができるのが、大きな特徴といえるのではないでしょうか。

（取材日：２０１６年８月22日）

「自分で自分に取材してみました。」

――高田さんは、社史以外には、どんな催事に携わっていますか？

いろいろやっていますよ。例えば、この本で扱う2011年以降の展示だと、川崎市立の夢見ケ崎動物公園に協力していただいた「読む 知る 感じる 夢見ケ崎動物公園」（2012年度）は面白かったです。動物や飼育に関する展示品の借用に加え、飼育員さんにオススメの本を聞いたり、高校生限定の講演会も開催しました。図書館のホームページから動物たちのPC用壁紙ダウンロードもできるようにもしました。

ANAさんやJALさんに協力していただいた「図書館空港」（2013年度）も印象深い展示でした。貴重な展示品の見応えはもちろん、航空関係の蔵書を紹介する100枚のパネルを格好よく展示しました。ほかにも大小の催事は、課員と一緒にあれこれとやっています。どうやって資料の利用に結びつけるかが、常に根底にあります。

――高田さんが神奈川県立川崎図書館でのこれまで手掛けてきた、もっとも気に入っている仕事を1つ教えてください。

この本を読めば、社史に関連する仕事だろうと思われるかもしれませんが、実は違います。数年前に科学技術室（3階）のカウンター内の模様替えをしたことです。「えいっ、変えよう」と思い立ち、机や棚の配置や向きなどを一気に変更していきました。パソコンの増設、職員の視線の向きの改善、物品の置き場の確保、作業空間の創出などができました。「なんとなく使いにくい」という時、「そのままでいいや」とせず「思い切って変えるぞ」とするのは楽しいです。日常的な細かい改善などは同僚に任せて「まあ、やってみれば」で済ませています。

――高田さんの好きな公共図書館は、どこですか？

そういう質問をよく受けます。「図書館業界で話題になっている、どこどこの新しく開館した図書館」という答えを期待されている気配を感じますが、答えはノーです。私は奈良市が好きなので、奈良市立の図書館かなというのはハズレではないけれど正解でもないです。

具体的に特定の図書館はありません。私の好きな図書館は、館内を見ていて、小ネタ程度でいいのですが司書の取り組みや工夫が感じられるところです。同業者ゆえにわかることがあります。もちろん、老朽化した施設で制約も多い中、職員が頑張っている神奈川県立川崎図書館も好きな図書館のひとつです。

——高田さんが社史の担当でなくなったら社史関係の活動は困りませんか？

どうなるのでしょうね。この話題、社史を通して知りあった企業の方には「何を言っているの」みたいな感じで笑われますが、いつかは異動することもあるでしょう。

個人としてではなく、組織としてやっている仕事ですから、あまり難しくは考えていません。私自身、前任者のやってきたことに、それほどとらわれないタイプなので、後任の方の自主性を尊重します。「自由にやれるんだ、ラッキー」と思っていただければOKです。そして、本書が何よりの参考になるでしょう。そこに社史刊行の意義に通じるものを感じました。

8章 社史室の今

（1）社史を寄贈していただけませんか

社史の収集や受け入れに、私は直接、関わっていません。1章で触れたとおり、資料整備課という部署が担当しています。

通常の本は新刊情報などを用いて選んで購入していきます。しかし、社史は市販されるものではなく流通ルートにも乗らないため、刊行の情報を得るのは容易ではありません。

さいわい、神奈川県立川崎図書館は「こちらの社史室を利用して編纂したので」や「寄贈したほうがいいと紹介されました」「インターネットで社史を集めていると知ったから」など、自主的な寄贈が多くあります。

私が社史室を訪れた方と話していて「当社は五十年史だけでなく、四十周年にも記念誌を刊行していますよ」「外国語版も作っているのだけれど、必要ですか」などとうかがい、寄贈に至ることもあります。いただいた社史は資料整備課が、受け入れの手続きなどを進めます。

過去に社史を寄贈してくれた企業は、その時の配布先のリストを残していて、次の社史が刊行された際にも継続して寄贈してくださることも多いようです。

こちらからは電話や手紙で企業に寄贈を依頼しています。寄贈依頼状を送る際には、「今回依頼する社史以外にも貴社の社史等が発刊されていましたら、ご恵贈願いたく存じます。」と添え書きし、すでに寄贈していただいている年史がある場合には、どの年史を所蔵しているのかを補記しています。

社史を刊行した企業からの寄贈だけではなく、個人や団体の方が「こういう社史があるので、寄贈します」と声をかけてくださったり、「〇〇会社が社史を刊行したはずなので、寄贈依頼してみては」と教えてくださることもあります。


社史刊行の情報を得るのに最も役に立てているのは、国立国会図書館が新規に受け入れた資料のデータ（全国書誌データ）です。国立国会図書館に限らず、社史の収集に力を入れている大学図書館のホームページ、社史編纂協力会社のホームページなども参考にしています【註1】。

新聞や雑誌に、企業が社史を刊行したという記事が出ていれば、私も同僚も「寄贈依頼してください」と資料整備課の担当者に頼んでいます。

社史の巻末の参考文献に未所蔵の社史を見つけて、寄贈依頼してもらうこともあります。社史を扱う古書店の目録に目を通して所蔵のチェックをすることもあります。
刊行から数年後、数十年後に、寄贈していただくこともあります。「こんなに有名な企業なのに、なんで今まで気がつかなかったのだろう。その当時は寄贈を断られたのかな」と思いつつ、新着棚にある社史を手にしています。
もっとも、残部がないなどの理由で寄贈依頼に応じてもらえないことも、めずらしくありません。社史を刊行してから年月がたったものは、入手しにくくなります。「あくまで社内や関係者向けに作ったものなので、外部への公開は今のところ考えていません」という理由で寄贈していただけないことも、少なからずあります【註2】。

私が見聞きしたり、資料整備課を通さずに私自身が行ったりして、印象に残っている寄贈依頼を以下にいくつか紹介します。ずうずうしいなと思うこともありますが、結論として、ずうずうしくしないと、社史は集まらないのです【註3】。

豚まん&あんまんについてのレファレンスに取り組んでいた時、大手のA社やB社の社史はあるのに、C社の社史はありません。C社が社史を刊行している確証は何もありませんでしたが、聞いてみるだけ聞いてみようと、C社に「社史を刊行していませんか」と電話をし、寄贈に至ったことがあります。

帰省をした同僚がお土産に買ってきた銘菓のしおりに「○○堂は今年で百周年を迎えます」と書いてありました。それを見て、さっそく「社史を刊行していませんか」と電話をしている同僚がいました。

他県の図書館を訪れた際、書架を見て「この社史、神奈川県立川崎図書館で所蔵しているかな」と、その場でスマホを使って蔵書検索してみます。「これは所蔵していないだろう」と思った社史も、けっこう所蔵しているので「神奈川県立川崎図書館はすごいものだ」と我ながら感心してしまうことは、しょっちゅうです。経済のコーナーなどに、社史だけでまとまって置いてある場合は、検索の方法だけをメモしておいて、戻ってから所蔵の有無をチェックし、寄贈依頼したりもします。郷土資料のコーナーも要チェックです【註４】。

以前、社史を刊行した、ある全国的な企業から、「あまり部数はないのだけれど、どこの図書館に社史を寄贈したらいいだろう」と相談を受けました。「主要な工場のある地域の図書館に寄贈してはいかがでしょう。ただし、社史を送っただけだと、図書館の担当者によってはどう扱っていいかわからないことも予想されるので、添え書きで、その地域と関係していることを強調しておいたほうがいいですよ」と伝えました。

これまで書いてきた神奈川県立川崎図書館の取り組みは、社史をコレクションして半世紀以上の蓄積があったからこそ可能なことです。他の図書館で同じようなことをする必要はないと思います。ただ、地域にゆかりの会社の社史は、社史のコレクションというよりは、郷土資料として、収集し残していくべきでしょう【註5】。

(2) 社史を大切に

外箱(ケース)に入っている社史は、たくさんあります。

数年前まで神奈川県立川崎図書館では、81ページで紹介した『日清食品50年史』のような、よっぽど特徴のあるもの以外、外箱を取り外して書架に並べていました。外箱には、利用するときに邪魔になる、書架に収納できる本が少なくなる、書架の高さに収まらない、などのデメリットがあります。取り外した外箱は、チラシなどの配布ケースにしたり、書庫で雑誌などを入れて並べたり、事務用の書類入れにしたり、廃棄(厳密には分別してリサイクル)していました。

外箱を付けないのは、神奈川県立川崎図書館に限ったことではありません。文学全集や事典などは外箱に入って販売されていますが、外箱に入った状態のまま公開書架に並んでいる図書館は、専門図書館や、特別コレクションなどを除けば、ほぼないでしょう【註6】。

私自身も、外箱を付けていないことに違和感はなく、2012年開催の「社史グランプリ」の時点ですら、外箱の展示にはあまり気を配っていませんでした。

社史ができるまで講演会の1回目「『日本水産百年史』ができるまで」を開催する際、「せっかくだから外箱も付けて、講演会場に置いておきたいけれど、どこかに残っていないかな」と探し、カウンターの内部で別な用途に使われていた『日本水産百年史』の外箱を見つけて喜んだ記憶があります。

そして、その『日本水産百年史』の講演を含め、社史ができるまで講演会や、社史編纂担当者の話を聞く機会が増え、各企業が外箱にも気を配っていることを知りました【註7】。ひと昔前は、厚紙に文字を印字しただけの外箱が多かったのですが、最近はデザイン的に工夫されている外箱も増えています。外箱も社史の一部だと認識が変わりました。

それからは、資料整備課の担当者に「社史の外箱は捨てないでください」と頼んでいます【註8】。2014年から開始した社史フェアでは、外箱も併せて展示できています。

1998年に、社史を全冊公開することを目玉にして、社史室は開設しました。しかし、年に400冊くらい新旧の社史が増えていくので、書架に収まりきらなくなったら、書庫に入れていくことになります。その都度、選んで抜いていったり、（神奈川県以外の）農協やＪＡの年史、商工会議所の年史、労働組合史などを一括して書庫に入れたりしてきましたが、それでも、社史室の書架には収まらず、次第に書庫内のスペースも無くなっていきました。

たまたま書庫の資料を移動させて多少のスペースが生じる機会があり、１９５０年以前の社史、約４５０冊のすべてを書庫入れすることを提案し、同時に貸出禁止にしました。２０１５年4月のことです。逆にいえば、それまでは、戦前の社史もごく普通に書架に並び貸出可能だったわけです。

神奈川県立川崎図書館の蔵書印は、数十年前はさておき、ここ十数年は基本的には本の上部に押す天印（県のマークの押印）だけでした。しかし、社史コレクションであることを示すには、あまりにも簡素な気がしました。そこで社史の奥付のページにも「神奈川県立川崎図書館」の蔵書印を押すことを提案しました。新たに受け入れる社史だけではなく、過去に遡って資料整備課のスタッフに蔵書印を押してもらいました。

いずれも手間のかかる作業だし、資料整備課の負担を増やしてしまうので、そう気軽に実施できるわけではありません。簡素なことが好きな自分の性格としては、柄にもないと感じましたが、社史を知る程に一冊一冊の貴重さがわかるようになっていました。

社史室を訪れた企業の方からは「当社にも2冊しかないのによく残っていますね」と声を掛けられ

たり、「この資料は当社にあったかな」などとつぶやいているのを耳にしたことがあります。「こういう装丁でも刊行されていたのか」と興味深く自社の社史をご覧になっている方もいらっしゃいました。

今では存続していない企業の社史も多数あります。

日本の図書館では神奈川県立川崎図書館でしか所蔵していない社史もあるでしょう。

ほかの図書館の本と同様に、社史も利用されればくたびれていくし、破損してしまうこともあります【註9】。マナーのともなわない利用もあります。少ないながらも紛失が生じることもあります。

私は、この本に書いてきたように社史室の広報を進めていますが、それは同時に、社史の保存という点ではリスクにつながるのかもしれません。このあたりは利用と保存のジレンマだし、どうバランスをとっていくのか、考えなくてはならないと思っています。個人的には、現状より、もうすこし管理を厳しくしていってもいいように感じています。

(3) 社史を伝える

これまで社史室は、何度も新聞や雑誌に掲載されてきましたが、もっとも反響が大きかったのは、「タモリ倶楽部」というテレビ番組で社史室が取り上げられたときです（首都圏では2015年9月11

日の深夜に放送)。

この手の内容は、どこまで書いてもいいのかがわからないので、控えめに紹介しておきます。「社史をテーマにした番組を撮りたいのですが」と、タモリ倶楽部のスタッフの方から電話をいただいたのは、同年の6月でした。職場の許可を得て、打ち合わせを進めていきました。テレビ番組に出演するのは、はじめての経験でした。

毎週観ているとはいわないものの、昔から時々観ていた番組(放送開始は1982年)だったので、親しみを持っていました。

それから、紹介する社史の下調べなどが続いていきました。スタッフの方の作業を見ていて、テレビ番組を作るのは大変なんだなと感じました。

その回の番組のタイトルは「1万7千冊の蔵書から学ぶ 他社に差のつく社史の作り方」でした。図書館のホールに組まれたセットの看板にも、そう大きく表示されています。しかし、実際には作り方ではなく、楽しく親しみやすい社史の紹介に終始しています【註10】。このようなアンバランスさや、収録をしながらの脱線も「タモリ倶楽部」の魅力なのだと思います。収録時間に比べ放映時間は一部です。

当日は、定かではありませんが、20名くらい、番組に携わる方がいらしたと思います。みんなで1つの作品を作っているというところに、どこか社史の編纂と似通った感じがしました。

放送後、「タモリ倶楽部を見て知りました」と来館される方も増え、テレビの影響力の大きさをあらためて認識しました。

タモリ倶楽部のスタッフの方から声をかけていただいたのは、東洋経済オンラインの連載を見て面白そうだから、というのがきっかけでした。東洋経済オンラインからの依頼は「社楽」が楽しかったので、というのがきっかけでした。

けっきょく、蒔かぬ種は生えぬ、というとおりかもしれません。普段からコツコツと楽しそうなことをやっていれば、見ている人は見てくれているのでしょう。

新聞などメディアに取りあげられた翌日には、よく「社史を寄贈したいのですが」という連絡をいただきます。

一方、メディアに取り上げてもらうばかりではなく「すごいなあ」という社史とめぐりあったときには、「もっと多くの方に、この社史の存在を知っていただきたい」という思いに駆られます。「社楽」で紹介したり、講演を依頼したり、メディアから取材を受けた際に紹介したりしています。

社史が集まる稀な環境にいるので、社史を作った方の工夫や苦労などを感じ取りながら、私も図書館員としてできる範囲で、情報発信をしていきたいと、新旧の社史をぱらぱらめくっています。

2015年は「日経産業新聞」（11月18日）の1面トップ「社史が会社を強くする」という記事に、神奈川県立川崎図書館を含めて、社史が大きく特集されました【註11】。

また、実現はしませんでしたが、2014年頃、ある鉄道会社の主催で、工場見学などを含めた川崎周辺を回るツアーを検討している時、「社史室をコースに入れたいので、高田さんに社史を解説してほしい」という申し出を受けたことがあります。社史って観光資源にもなるのか、と面白く感じました。

（4）バーチャル社史室

2016年5月、神奈川県立川崎図書館のホームページに、バーチャル社史室を開設しました【註12】。

社史室の書架を棚ごとに写真を撮って、書架のように配置し、ホームページで公開してしまおう、というものです。「こんなことをやってみたい」と思いついたのは、年末くらいだったと思います。社史は、厚みがあるものが多いので、写真に撮っても、字は識別しやすいだろうと考えていました。

どこかの図書館が似たようなことをやっているだろうから、それを参考しようと、いろいろ探して

書架の棚ごとに
写真を撮り、
本棚のように
並べただけです。

棚をクリックすると
拡大します。

バーチャル社史室

みましたが、私には見つけられませんでした【註13】。

上司の承認を得るのには、サンプル画面を見せた方がわかりやすいので、「こんなイメージとコンセプトで」と、Hさんにフォーマットだけ作ってもらいました。

書架の写真を撮るくらい簡単だろうと考えていましたが、社史室は狭く、書架と向かいの書架との間隔は60センチしかないところもあります（125ページの写真参照）。棚の幅はほぼ90センチです。私の持っているアイテムは普通のコンパクトデジタルカメラだけです。カメラを構えて撮ることができません。

社史室の書架は約70連あり、それぞれ5段から6段の棚があります。

けっこう手間がかかりそうなので、毎年、蔵書点検のために休館している4月上旬に社史室の撮影作業も組み込んでもらって、集中的に撮影することにしました。

私一人だけで行うのは大変なので（おまけに変な人に見られそうなので）、二人組での作業にしました。

苦し紛れにあみだした技もあります。

向かいあう書架の本の一部を取り出して被写体までの距離をかせぎ、その空間にタイマーをかけたカメラをセット。すぐに離れて、数秒後、撮影されたものを確認します（図A参照）。勘だよりなのでうまく撮れていないこともしばしばです。右端が写っていない、ぶれている、本の紐（しおり）が飛び出ていた、など撮り直しの連発でした。

案外、やりやすかったのは、ひとつ離れた通路から、何冊か本を抜いて、書架の隙間から手を突っ込んで目視で撮影するという方法です（図B参照）。

こんな苦労をしなくても、新しい図書館であれば、車椅子が通れるくらいの書架の間隔は確保していると思うので、もっと簡単に撮影できるでしょう。

とにかく撮りたい棚さえ全部写っていれば、傾きや範囲、明度などは、パソコンの写真ソフトで調整できます。便利な時代だなと思いました。

当初は、書庫内の社史を対象とするつもりはなかったのですが、1950年以前の社史を収めた書架だけは含めることにしました。いくらかでも話題性が増すかな、と考えたからです。

全部で380枚の棚の写真を公開しています。

バーチャル社史室は「国内屈指の社史コレクションを、社史室で公開しています」と伝えても、実際に社史がどんなもので、社史室がどういう空間なのかはわかりにくいだろうから、視覚的にイメージしやすくしよう、というコンセプトで企画しました。

社史の背表紙は、「飛翔」「五十年史」などの書名しか表記されていないものや、薄い冊子で背文字が小さすぎて読みにくいものなどもあり、写真だけではどの会社の社史だか判別できないものも多々あります。利用されていたり、書庫内に置かれていたりして写っていないものもありますが、細かい

（図A）

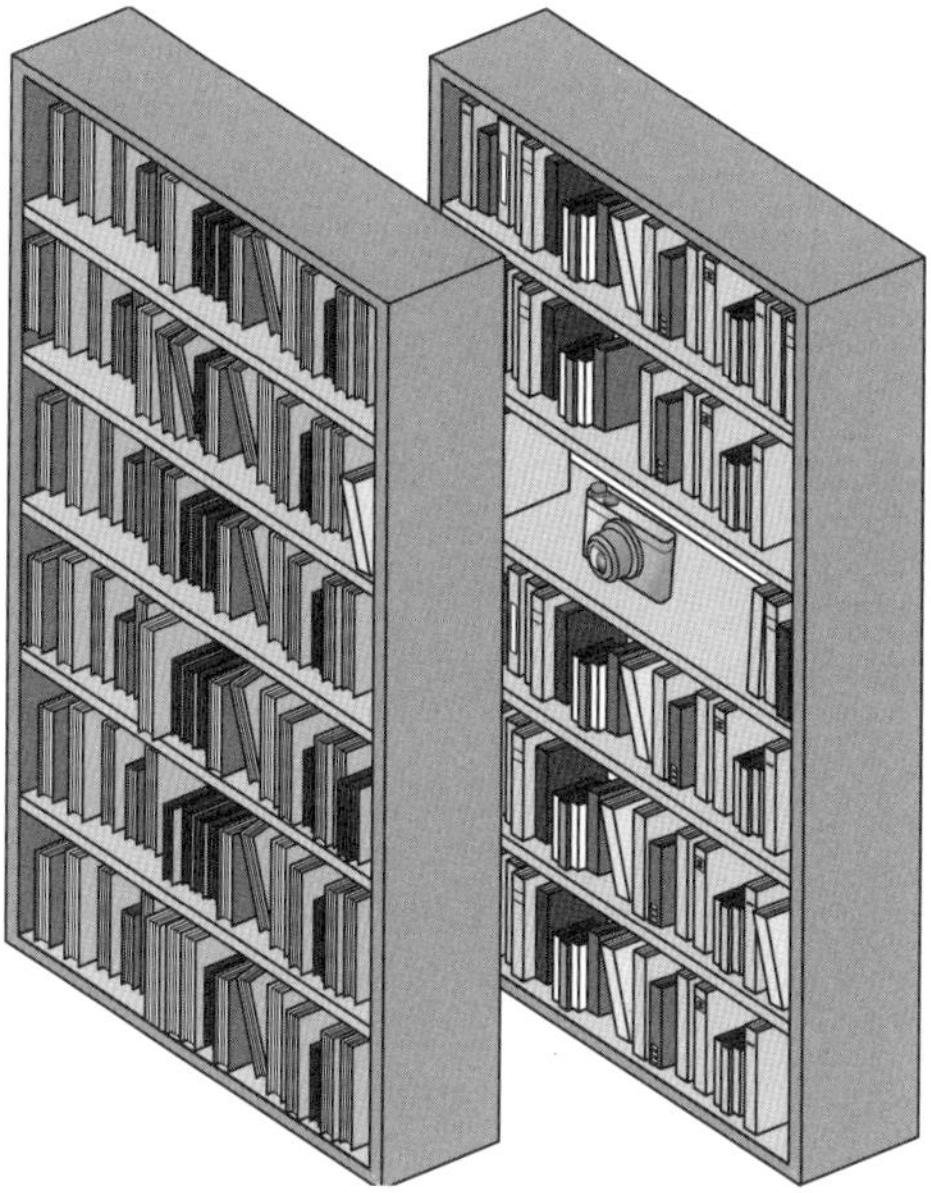

向かい合わせで
片方の本を抜いて
タイマーをセットした
カメラを置く

（図B）

手前の書架の本を抜いて
隙間にカメラを突っ込んで
撮影

ことは割り切りました。その分、蔵書検索でもご確認ください、とホームページの各所に注記をしておきました。

バーチャル社史室は私にとっても有効で、事務室や自宅にいて、どんな社史だったか確認したくなったとき、社史室まで足を運ばなくても「あ、この黄色い社史か」などと、パソコンの画面で用を済ませていることもあります。

また、社史室の書架の下段などは、狭い空間にしゃがみこまないと見にくいのですが、バーチャル社史室だと、上段や下段の社史も、それなりに見やすく写っているので、書架の全体像を把握しやすいともいえます。

社史を寄贈してくださった企業から「バーチャル社史室で当社の過去の社史を並べていただいているのを見て嬉しく思いました」という反応をいただいたり、寄贈依頼をした企業から「バーチャル社史室を見て、どんな風に社史を活用しているのかが、よくわかったので寄贈を検討します」という回答をいただいたとも聞いています。また、「バーチャル社史室に並ぶのを楽しみにしています」といって寄贈してくださった方もいらしたそうです（それほど頻繁には更新しないと思いますが……）。

（5）社史を作りたいのですが

ここ数年で明らかに増えたことがあります。それは「社史を作りたいのですが、相談にのってください」という問い合わせです。

はっきりいえば、司書の仕事の範疇ではありません。問い合わせには、資料（情報）に基づいて答えるというのが原則です。よって、社史の作り方が書いてある本などを提供するのが、司書としての模範的な回答になります【註14】。

しかし、この本を通読していただければわかるように、私は20回以上の「社史ができるまで講演会」に企画段階から携わっているし、社史フェアの準備では前年に刊行された（その時点での）すべての所蔵社史を数行に要約しています。

くわえて社史がテーマではありませんが、著者・共著の取りまとめ役・監修者など、いくつかの立場で本の刊行に携わった経験があるので、本がどうやって作られるのかは、だいたいわかっています。要するに、ある程度のことなら、社史作成の相談にも応じることができるようになっていたのです。

悩むところではありますが、全国屈指の社史コレクションを名乗っているのであれば、多少の対応はできる図書館員がいてもいいのかなと、可能な範囲でお話をうかがうことにしました【註15】。

いきなり社史を作成することになって困っている方も、少なくありません。

「どうやって、社史を作ったらよいのでしょうか？」

「まず年表を作って出来事を整理していく作り方が多いようですが、とくに決まりはないみたいですよ。」

「いつ頃、刊行するものでしょうか？」

「周年の行事で配布する企業もあれば、周年の行事まで含めて翌年くらいに刊行する企業もあります。たいてい周年行事の一環という位置づけになるようです。」

「作成をするうえで大事なことはありますか？」

「誰のための社史にするかが決められると作業が進むとよく聞きます。たとえば、営業的なものなのか、社員のためか、社内研修用か、後世に歴史を伝えるものか、などでイメージも変わってくるでしょう」といった感じです。

そして、そのうえで「社史室では、社史を自由に手にとって閲覧できます。ヒントとなる社史が1万8千冊ある空間です。ぜひご覧ください」と案内し、場合によっては「お話をうかがった感じだと、こんな社史が参考になるのではないでしょうか」と社史を紹介して、社史室の利用に結びつけるように心がけています。

よく受ける相談のひとつに「社史らしくない社史を作りたい」というものがあります。社史室に並んでいるのは社史なので、どう対応するべきか迷います。それでもイメージをうかがいながら、この社史は参考になりませんか、と示しています（その本自体が社史なのですが）。

こうした「社史らしくない社史を作りたい」という出発点から、ユニークで独自性のある「社史」が生まれるのは何度か見ています【註16】。

一時期、「雑誌のような社史を作りたい」という相談も多かったのですが、なぜか最近あまり耳にしなくなりました。トレンド的なものもあるのかもしれません。

これまで、さまざまな社史に関する活動を続けてきたこともあって、神奈川県内や、近隣の都県はもちろん、北海道や九州から社史室に来訪される方も見かけます。「担当者のお話を聞きたい」と事前に連絡があったり、社史室で「担当者に挨拶をしたい」と言われて名刺を交換したりして、はじめて遠方からいらしたことがわかります【註17】。

私は社史室のカウンターには、それほど座っていないし、利用されている方にこちらから積極的に声をかけることもないので、利用の実情を把握しきれてはいません。ただ、地域や業種に拠らず、もちろん社史編纂に関わっている方だけでなく、さまざまな目的で調査や研究をされている方が、社史室を利用されているのだと思います。

社史の刊行後に寄贈依頼などを受けて、はじめて神奈川県立川崎図書館の存在を知る方もいます。

「社史を集めている図書館があるとは知らなかったので、どんなところなのか見にきました」と来館された方は、社史室をご覧になって「編纂作業の最初に来ておくべきだった」と、ほぼ必ず口にされます。

取材などで「高田さんは社史にとても詳しいのですね」と聞かれますが、それは本当にとんでもありません。「社史編纂を生業にしている社史編纂協力会社の方が、詳しいに決まっています」と断言しています【註18】。

2016年2月に、社史編纂協力会社のひとつ、出版文化社の社内研修の講師を依頼されたので、この本に書いてきたような神奈川県立川崎図書館の取り組みについて話をしてきました。編集や営業などさまざまな部署の方が受講していましたが、私よりずっと社史に精通している方も多かったと思います。

話していて、社史に関わっている方ならではの反応が伝わってきて、楽しかったです【註19】。

後日、受講された皆さんから感想が届きました。全ては紹介しきれませんが、たとえば次のように書かれていました。

「これまで神奈川県立川崎図書館が社史に注力されていることは耳にしていましたが、今回の活動のお話を聞き、ここまでとは正直思っていませんでした。社史を文化として扱われている図書館は全国的には少数なのでしょうが、図書館に限らず、様々な場所や団体で社史を取り扱い、社史文化そのものが全国規模、そして世界規模でどんどん普及していければよいなと率直に感じました。私自身、社史事業に携わる者として、社史文化を高め広めるためにできることはないか真剣に考え、社史文化の普及に貢献していきたいと思いました。」

「とくに、情報発信のお話は参考になりました。少しずつでも継続して取り組んでいくことで、大きな動きとなっていくのだと感じました。「社史ができるまで講演会」では、回を重ねるごとに試行錯誤されながら、社史に携わる担当者にとって、なくてはならない会に作り上げていった過程が、大変、勉強になりました。」

「業務上、神奈川県立川崎図書館を利用してかれこれ十数年となりますが、以前はなかった「社楽」や「社史ができるまで講演会」、「社史フェア」など活発なイベントを企画されているのを、社史制作を主業務としている者として非常に嬉しく思っています。日本は社史大国とよく言われていますが、まさにそのとおりで、企業・団体等が数多く制作しています。そうした中、タモリ倶楽部で神奈川県立川崎図書館の社史が取り上げられ、新聞紙上でも社史を扱った記事を多く目にしています。これは社史の文化を高めていく絶好の啓蒙になっているはずです。」

「社史の魅力を伝え、さらには知名度アップや利用の促進につながっていく様々な取り組みに感心し、興味深く思うのと同時に、自分が持っていた図書館司書の仕事のイメージよりも、博物館的で学芸員の仕事に近い印象を受けました。社史を作ろうとする関係者にとって「駆け込み寺」とも言える神奈川県立川崎図書館を利用して、良質な社史を参考にすることで、より良い社史ができ、さらに寄贈も増えるという好循環を期待するとともに、自分自身もその中にあってどうしていくべきかを考えながら社史づくりに取り組みたいと思います。」

神奈川県立川崎図書館が社史を用いたさまざまな活動を展開することで、社史が注目されれば、社史の作成を考える企業も増えていくだろうし、裾野が広がれば、社史編纂に携わる業界全体の活性化にもつながってゆくであろうと、自分自身でも確認できた機会となりました。

(6)好循環の構築

私と一緒に、社史ができるまで講演会を担当しているAさんは、会場関係の仕事をしながら、後方の席で講演を聴講しています。そして講演後、「こんな内容の講演だった」と自主的にレポートを書いて、科学情報課の非常勤職員に回覧していました。正職員は回覧の対象外だったので、私が気付いたのは、そうした行為が何回か行われてからです。頼んでいたわけではないので「なぜ、やっているの」と聴いたら、「社史の担当者だけが知っているのは、もったいないから」といいます。以後、回覧の対象者を広げてもらいました。

また、社史ができるまで講演会にはじめて関わった、企業への勤務歴もあるOさんに「どうだった」と感想を聴いたところ、「これ、ほんとうに無料のセミナーなんですか。質が高いですよ」と、びっくりしていました。

本がどうやってできるのかを知っている司書は、じつは、それほど多くないと思います。まして、社史という特殊な資料であれば、さらに少ない、というか、数えられるくらいしかいないでしょう。もし、食料品店の店員が、食品の生産の過程を知っていたら、その店員には信頼を寄せると思います。それは司書にもいえるかもしれません。

こうした社史に関する取り組みを続けてきて、職場で社史が話題になる機会も、数年前より圧倒的に増えているし、やや高度な内容になってきている気がします。

特殊な図書館ゆえに、という事情はあるにせよ、私も同僚も司書としてスキルアップをしているので、信頼にもつながっているでしょう。これは、ひとつの財産だと思います。

なぜ、企業が社史を作るのか、と考えたことがあります。

この写真は冒頭（５ページ）に掲載したものと同じ写真です。本書を通読された方は、なんとなく手にとってみたくなったのではないでしょうか。だとしたら、私はとても嬉しいです。

『○○株式会社五十年史』を作ることによって、コストも労力もかかりますが、利益に直結はしません。創業の理念を伝えたい、後世に足跡を語りつぐ、経営の判断材料にしてほしいなど、さまざまな理由はあると思いますが、私がしっくりきたのは「日本の文化」だからという答えです。

たぶん、どの日本の会社でも組織でも、「今年で五十周年か」となったとき、実際に社史を刊行するかしないかはさておき「五十年史を作ろうか」や「五十年史を作るのかな」という考えは、経営者や社員の頭をよぎると思います。

そういうものは「文化」なのだろうと理解しました。

社史フェア２０１５で「社史という日本の文化を支えます。」というキャッチフレーズを用いたのは（１５３ページ掲載のロゴ参照）、こうした考えによります【註20】。

複数の社史編纂協力会社の方に「景気が悪くなると社史の刊行は減りますか」と尋ねてみたことがありますが、ほぼ同じように「刷る部数が減ったり装丁が簡略になったりすることはあっても、刊行の件数が大きく減ることはありませんよ」と返答されました。景気の波に左右されずに刊行されていることも、社史が文化であることを示しているような気がしました。

個々の会社も社会の一部です。その歴史が集まれば、それは日本という国を記したものともいえるでしょう。歴史はその国の文化です。多くの社史が編纂され、蓄積されていけば、日本の文化はより豊かになるはずです。

それは図書館の意義とも合致します。

社史室に社史が集まることによって、活用の幅はさまざまに広がり、より有益な空間となります。

そして、さらなる寄贈の増加にもつながります。

この好循環を築いていきたいと思っています。

社史を担当する司書として、本書に記してきた数々の活動を通して至った結論です。

読む註

（1）

【註1】　蔵書検索で、特定の企業ではなく、社史にどんなものがあるのかを知りたいという検索は難しいのです。私は書名のキーワードに「年史」「年の歩み」「年のあゆみ」「記念誌」などを用いています。ただし、学校や自治会などの年史もヒットします。社史は社史でも、神社の社史もヒットします。

【註2】　「残念ながら寄贈はできないのですが」と見せていただくだけで終わることもありました。目の保養にはなりましたが、図書館員としては、もやもやとした気分です。

寄贈をしていただけないというだけではなく、小さな商店や地方の造り酒屋などが作った記念誌などは、関係者に配布されるだけで、刊行の情報すら得られていないものも多いでしょう。何の根拠もない私の感触ですが、神奈川県立川崎図書館が入手できているのは、日本で刊行される社史の3分の1にも達していないように思えます。

【註3】　2009年3月にTBSラジオ「安住紳一郎の日曜天国」という番組の「おでかけリサーチコーナー」で、社史室が取り上げられました。私ではありませんが、出演した当時の収集担当のTさんのコメントです。

「社史の収集の方法や、利用者はどんな人か多いのか、初心者にはどんな社史がおすすめか、などについてインタビューを受けました。会社に電話をかけて「社史は出さないのですか？」と聞いたりすることもあるのですが、安住さんからは「それって、大きなお世話ですよね」と突っ込みが入ったりして、なかなか面白い放送になりました。」

これは、神奈川県立川崎図書館の図書館だよりにあたる「ＳｉＬ」15号（2009年4月）から引用しました。当時「SiL」を担当していたのは私です。読者に伝えたかっただけでなく、こういう事柄は書き残しておかないと忘れられてしまうだろう、とコメントをもらった記憶があります。

なお、社史の収集については「社楽」11号や12号でも取り上げています。Kさんの書いた「社楽」12号（2013年1月）の「池ちゃん「はじめての寄贈依頼」です。」を読み返したら、けっこう面白かったです。

【註4】　某県立図書館で、神奈川県立川崎図書館には未所蔵の「70年史」を見かけたので、寄贈依頼をしたところ、「70年史」とあわせて最近刊行された「80年史」も寄贈してくださいました。それをきっかけに、地元の某県立図書館にも「80年史」の寄贈があったそうで、某県立図書館の方から感謝されたことがあります。

【註5】　この本には図書館員の読者も多いでしょう。そうして社史が寄贈されたときには「神奈川県立川崎図書館にも寄贈しておくといいですよ」とお伝えください。

なお、本書は社史をテーマにしていますが、図書館員の方は自館のコレクションに置き換えて、何か応用できることはないかと、読んでいただければ嬉しいです。「そんなコレクションは当館にはない」と思うかもしれませんが、少なくとも、どの公共図書館にも郷土資料というコレクションはあるし、その地域の資料としては日本有数のコレクションのはずです。

（2）

【註6】　ある市立図書館で本の外箱を「ご自由にお持ちください」と配布していて、よいアイデアだと思ったこともあります。

【註7】　7章でも取り上げた『『鹿島創業170年記念誌』ができるまで』の講演では、サンプルで作った外箱の見本をたくさん持参され、いかに外箱にこだわっていたのかを説明していただきました。同書は2012年の刊行で、その当時、外箱は保存していませんでした。恥をしのんで「外箱

を残していなかったのですが、今日の講演を聞いて、どうしても本体と一緒に揃えたくなりました。外箱だけいただけないでしょうか」とお願いしたこともあります。

【註8】ただ、現在でもホチキス留めをしている外箱は、ホチキスが錆びて本を痛めることもあるので、外箱は残していない、と装備の担当者がいっていました。

【註9】「当社の社史が少し痛んでいるので、できれば差し替えてください」と持参してくださった方もいらっしゃいます。ありがとうございます。

（3）

【註10】「タモリ倶楽部」で紹介された社史などは「社楽」47号（2015年10月）にまとめてあります。

放送中、やけに私が真剣に社史をめくっているシーンがあったのですが、「うっかり口がすべって、社史に書いていないことを話してしまったかな」と不安になっていました。資料に基づいて回答しなくてはいけないという図書館員の性みたいなものです。

【註11】新聞の「1面」に私の名前が載るのは2度目です。1度目は「朝日中学生ウイークリー」の2010年8月22日「自由研究に役立つ図書館の活用法」という記事。まったく異なる分野の新聞・内容なのが自分でも面白いです。

社史に関していえば、ここ数年の活動で、新聞の広域版や全国版で取りあげられる機会も増えました。

（4）

【註12】「バーチャル社史室」という名前は、我ながら冴えない名称のような気もしています。適当に企画書につけたものが、とくに対案も思い浮かばないまま、そのまま残ってしまいました。ただ『ホームページに「○○社史室」を開設しました』と「開設」という言葉は使いたかったので、選択

肢はそれほど多くなかったようにも思います。

【註13】お金があれば、本の背をすべて1冊ずつ画像として取り込んで、図書館のデータと連動してリアルタイムに書架の様子を表示するシステムを作ってしまうこともできるでしょう。

(5)

【註14】いくつか例示すると、『よくわかる社史作成のQ&A77：新版』(出版文化社、2015年刊行)、『企業アーカイブズの理論と実践』(企業史料協議会編、丸善プラネット、2013年刊行)、『企業を活性化できる社史の作り方：新版』(出版文化社、2007年刊行)などは、比較的新しく、参考になる本だと思います。

【註15】誤解のないように注記しますが、全国の図書館では、(たぶん)こうした対応はしていないし、そこまでする必要はないと思います。

【註16】余談ながら、本書も「社史をテーマとした本らしくない本にしてみたい」と思いました。ただ、商業出版物なので出版社の都合もあるよなと、すぐに気が付きました。そして、売ることが目的ではなく自由にできる余地の多い、社史の特殊性を再認識しました。

【註17】ある時、「社史を作りたい」という相談を受けて、社史フェアで人気のあった社史などを紹介していると、自分のイメージとはぜんぜん違うといわれました。その企業は、地域に根ざした業種で、会社の資料は地元の博物館に寄贈しているそうです。お話をうかがうと、資料をベースにした報告書のような社史を考えているとのことです。けっきょく「資料を寄贈した博物館の学芸員の方に相談するのがいいかもしれませんね」となりました。自分の中で「こういう社史を紹介すればいいのかな」という社史のイメージが固まっていました。「もっと幅広く考えなければいけない」と感じた経験です。

【註18】いくつかの遣り取りの末、「では、最近の社史を一番見ているのは高田さんですか」と問われると、社史フェアの準備をしていると自動的に

そうなるのかなと考えてしまい、「うーむ、そうかもしれません」と答えたことはあります。たぶん嘘ではないと思うのですが……。

【註19】質疑応答では「どんな社史が好きですか」と聞かれました。すぐに思い浮かばなかったのですが「編纂に携わっている方の工夫やアイデアが伝わってくるような社史」と答えた記憶があります。

（6）

【註20】くわえて、社史の編纂に携わっている方の来場が多いので、自分のやっている仕事が「日本の文化」といわれたら励みになるのでは、と思いキャッチフレーズにしました。私自身や同僚に対しても「日本の文化」に携わっている仕事としたほうが、やりがいにつながりそう、といった考えも少々。

あとがき

これまで何冊か本を書いてきました。

図書館を説明した本ばかりですが、いつも「為になりました」ではなく、第一声では「楽しかったです」と言われます。

自分でも、そういう本を作りたいと思っています。


とはいえ、この本の執筆は難しかったです。

職場や同僚に気を遣います。社史について間違えたことを書くのも、お世話になった方の意に反することを書くのも、避けなくてはなりません。書くのは控えておこう、とした事柄も、いくつかあります。自慢話っぽくなる傾向も感じます。

どう書いていくのがいいのか、迷いました。

と、ここで気がついたのは、社史編纂の作業と似ているなということです。

社史の編纂も、同僚やＯＢ、社内、得意先などに配慮をしながらの作業になります。ならば、自分は多くの社史を見てきたし、優れた社史を編纂された方のお話もたくさん聞いています。神奈川県立川崎図書館の社史担当者として体験してきた「五年史」を自分なりのやり方で記録しよう、と考えたら書きたいことが明確になり、筆も進むようになりました。

（ほんとうは、もっと砕けた文章を書きたかったのですが、やはり、この内容では限度がありますね……）。

本書を読んでいただければわかるように、公共図書館としては、かなり特異な取り組みをしてきました。そこには、さまざまな工夫や考えがあります。

原稿を書きあげて気付いたことですが、単に「仕事だからやりました」という作業はひとつもなく、すべて大小の理由があっての行動でした。

社史ができるまで講演会では、パワーポイントで社内に資料は残っているのだけれど、スライドを見てもどんな説明をしたのかがわからなくて困った、というお話をうかがったことがあります。社史室の活動も本書に記さなければ「いつ何をした」という年表風の記録だけが残り、その背景は消えてしまうでしょう。当事者の私自身、数年前の記憶は、おぼろげになっています。「消えてしまってもかまわない」のかもしれませんが、たとえどんな足跡であれ、その一文が誰かの役に立つ、何かの手がかりになる、そして、大海の一滴にせよ、文化を豊かにしていくのだと思います。

本書は、1年前でも1年後でもなく、このタイミングだから書けたと思います。機会をくださった柏書房の富澤凡子さん、編集を担当してくださった二宮恵一さんに、とくに感謝を申し上げます。

みなさんが、今、周りを見回せば、有形無形はさておき、多くの企業に囲まれていることに気がつくでしょう。それらは企業で働いている社員の想いが積み重なって存在するものです。そうした足跡を記録している社史という資料、そして、図書館の活動に興味や関心を持っていただければ嬉しく思います。

2016年8月22日　台風9号、関東上陸中に。

著者紹介

高田高史（たかだ・たかし）

1969年生まれ。学習院大学大学院人文科学研究科修了。
司書として神奈川県に入庁し、現在は神奈川県立川崎図書館に勤務。
企画・広報・調査・研修や、本書のテーマとした社史を担当。
趣味は国内旅行とウクレレ。

（著書）
『図書館のプロが教える〈調査のコツ〉』（共著代表、柏書房、2006年）
『図書館が教えてくれた発想法』（柏書房、2007年）
『図書館のプロが伝える調査のツボ』（編著、柏書房、2009年）
『図書館で調べる』（筑摩書房、2011年）
『図書館のひみつ』（監修、PHP 研究所、2016年）

社史《しゃし》の図書館《としょかん》と司書《ししょ》の物語《ものがたり》
神奈川県立川崎《かながわけんりつかわさき》図書館《としょかん》社史室《しゃしつ》の5年史《ねんし》

2017年2月1日　第1刷発行

著　者　　高田高史

発行者　　富澤凡子
発行所　　柏書房株式会社
東京都文京区本郷2-15-13（〒113-0033）
電話（03）3830-1891［営業］
（03）3830-1894［編集］

装　丁　　森　裕昌
装　画　　亀田伊都子
DTP　　株式会社キャップス
印　刷　　萩原印刷株式会社
製　本　　小高製本工業株式会社

ISBN978-4-7601-4781-6 C3000